PROJEKT DEU[TSCH]

LEHRBUCH

3

ALISTAIR BRIEN
SHARON BRIEN
SHIRLEY DOBSON

OXFORD

UNIVERSITY PRESS

OXFORD
UNIVERSITY PRESS

Great Clarendon Street, Oxford OX2 6DP

Oxford University Press is a department of the University of Oxford.
It furthers the University's objective of excellence in research, scholarship,
and education by publishing worldwide in

Oxford New York

Athens Auckland Bangkok Bogotá Buenos Aires Calcutta
Cape Town Chennai Dar es Salaam Delhi Florence Hong Kong Istanbul
Karachi Kuala Lumpur Madrid Melbourne Mexico City Mumbai
Nairobi Paris São Paulo Shanghai Singapore Taipei Tokyo Toronto Warsaw

with associated companies in Berlin Ibadan

Oxford is a registered trade mark of Oxford University Press
in the UK and in certain other countries

© Oxford University Press 1995

The moral rights of the author have been asserted

Database right Oxford University Press (maker)

First published 1995
Reprinted 1997, 1999, 2000

All rights reserved. No part of this publication may be reproduced,
stored in a retrieval system, or transmitted, in any form or by any means,
without the prior permission in writing of Oxford University Press,
or as expressly permitted by law, or under terms agreed with the appropriate
reprographics rights organization. Enquiries concerning reproduction
outside the scope of the above should be sent to the Rights Department,
Oxford University Press, at the address above.

You must not circulate this book in any other binding or cover
and you must impose this same condition on any acquirer.

ISBN 0 19 912153 2

Acknowledgements

The authors and publishers would like to thank the following people for their help and advice: Frau Hitzelberger and pupils of the Realschule Marktoberdorf; the staff and pupils of Castlebrae High School, Edinburgh, The Arnewood School, New Milton, the Keswick School, and the Friedrich-Harkort-Schule, Herdecke. Thanks also to Anne Macdonald, Richard Marsden, and Margaret Tumber for their help and advice.

The publishers would like to thank the following for permission to reproduce photographs, and for additional commissioned photography: Bonn Tourist Information Centre p.80 (top); Alistair Brien/Sharon Brien pp.10, 11 (top), 14, 24, 30, 32, 42 (6), 44 (20); *Bravo Girl!* magazine pp.54, 88 (top); Richard Dobson pp. 38 (G & F), 44–45 (4, 19, 28); Shirley Dobson p.49 (F & L); Düsseldorf Tourist Information Centre p.80; Gordon Hillis pp.12 (B left & B right), 13, 17, 18–19, 28, 38, 41, 44–45, 49, 53, 55, 65, 74–75, 88 (bottom), 91; Chris Honeywell pp.6, 7, 22, 84; Image Bank/P. Trummer p.17(G); Koblenz Tourist Information Centre p.81; Köln-Düsseldorfer Deutsche Rheinschiffahrt AG p.78; Tony Lees pp.11 (bottom), 37 (F), 42 (2), 44 (21), 60 (A); Oxford Scientific Films p.45 (12).

The illustrations are by James Alexander pp.34–35, 38, 40 (bottom), 46, 89, 94; Rowan Barnes-Murphy pp.52 (bottom), 84; Roger Blackwell pp.66–67; Stefan Chabluk pp.11 (centre), 13, 17, 19, 26 (bottom), 31, 44–45, 71 (top), 77 (bottom), 79 (centre); Mark Dobson pp.58–59 (bottom), 60 (bottom), 61 (bottom), 68, 69, 70, 82 (centre); John Holder pp.85 (bottom), 87; Veronica Jones pp.14–15 (top), 26–27, 32–33, 53 (bottom), 57, 64 (top), 65 (top), 76, 77; Heinz Kessler pp.8, 9, 40–41 (top), 50 (bottom), 52 (top and centre) 53 (top), 56 (top), 62 (top), 79 (bottom), 86 (top), 95 (bottom); Pete Lawrence p.59 (top); Nigel Paige pp.29, 43, 50 (bottom), 64 (bottom), 85 (top right) 83 (top); Jon Riley pp.16, 24, 25, 40 (centre), 50 (top), 51 (top), 56 (bottom), 86; Tony Simpson pp.47, 51 (bottom); Monika Wirtz p.61 (H).

The handwriting is by Kathy Baxendale; Margret Pohl; Annette Winkelmann; Steffi McKenzie; Sabine Wäldner.

Printed and bound in Hong Kong

Students' artwork is by Antony Lees p.11 (bottom); Byron Parr p.71 (bottom); Mark Gormley, Sean Cormerford, Patricia McCurdy, Sharmaine Scott, Michelle McGovern p.83 (bottom); Verena Heigl-Schwarz p.92.

The publishers would like to thank the following for permission to reproduce copyright material: Alpenzoo, Innsbruck; Bayerisches Rotes Kreuz; Bayerisches Staatsministerium; Beaphar GmbH; Beltz Verlag; Berg-Wild-Park Steinwasen; *Bravo Girl!* magazine; Deutsche Bundesbahn; Düsseldorf Tourist Board; *Ein Herz für Tiere*; Fremdenverkehrsamt Koblenz; Fremdenverkehrsamt Rheinland-Pfalz; Greenpeace; Ludwig Heinrich; Johanniter-Unfall-Hilfe EV; *Juma* magazine; Köln-Düsseldorfer Deutsche Rheinschiffahrt AG; Köln-Düsseldorfer Gesellschaft; Lady Manhattan Cosmetics GmbH; *Leipzig-Life*, Rainer-Thiele-Verlags GmbH, München; Münchener Tierpark Hellabrun AG; Presseamt der Stadt Bonn; *Salto* (mit freundlicher Genehmigung aus *Salto* Nr 11/92 und 4/94 entnommen); Tourist Information Bonn; Verkehrsamt der Stadt Köln; Wallraf-Richartz-Museum; Grahame Whitehead; Zentralverband Sanitär Heizung Klima; Zoologischer Garten Köln.

Every effort has been made to contact copyright holders of material reproduced in this book. Any omissions will be rectified in subsequent printings if notice is given to the publisher.

All rights reserved. No part of this publication may be reproduced, stored in a retrieval system, or transmitted, in any form or by any means, without the prior permission in writing of Oxford University Press. Within the UK, exceptions are allowed in respect of any fair dealing for the purpose of research or private study, or criticism or review, as permitted under the Copyright, Designs and Patents Act, 1988, or in the case of reprographic reproduction in accordance with the terms of licences issued by the Copyright Licensing Agency. Enquiries concerning reproduction outside those terms and in other countries should be sent to the Rights Department, Oxford University Press, at the address above.

Inhalt

PROJEKT DEUTSCH

Einleitung
- 6 Einleitung
- 8 Mein Schultag
- 10 Wie mache ich ein Miniprojekt?

PROJEKT 1 Selbstporträt
- 12 Selbstporträt
- 14 Meine Freunde
- 16 Mein Taschengeld
- 18 Ein Einkaufsbummel
- 20 Wie findest du dich?
- 22 Projektideen

PROJEKT 2 Austausch nach Österreich
- 24 Austausch nach Österreich
- 26 Willkommen bei uns!
- 28 Kaffee und Kuchen
- 30 Was kann man hier machen?
- 32 Geschenke für die Familie
- 34 Projektideen

PROJEKT 3 Tiere
- 36 Tiere
- 38 Im Zoo
- 40 Ich habe meinen Tiger verloren!
- 42 Tiere haben auch Rechte
- 44 Tatsachen über Tiere
- 46 Projektideen

PROJEKT 4 Hilfe
- 48 Hilfe
- 50 Wo tut es weh?
- 52 Was ist mit dir los?
- 54 Der Unfall
- 56 Schulprobleme: Was tun?
- 58 Projektideen

PROJEKT 5 Zukunftspläne
- 60 Zukunftspläne
- 62 Was machen wir am Wochenende?
- 64 Was wirst du in der Zunkunft machen?
- 66 Was werden wir in den Ferien machen?
- 68 Im Jahre 2500
- 70 Projektideen

PROJEKT 6 Porträt einer Stadt
- 72 Porträt einer Stadt
- 74 Ein Stadtbummel
- 76 Ankunft und Abfahrt
- 78 Eine Schiffsrundfahrt
- 80 Köln und Umgebung
- 82 Projektideen

Zum Lesen
- 84 Zum Lesen

- 92 Extraseiten
- 98 Grammatik
- 107 Wortliste

WELCOME TO PROJEKT DEUTSCH 3

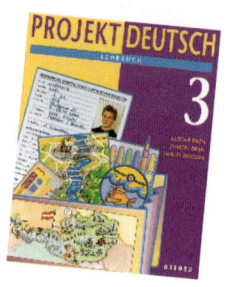

Here are the parts of the course:

This is the **Lehrbuch**, your course book. It is divided into just six projects, which are listed on page 3. At the back of the book, you will find a reading section: **Zum Lesen**, and some extension activities: **Extraseiten**. There is also a grammar section and word lists.

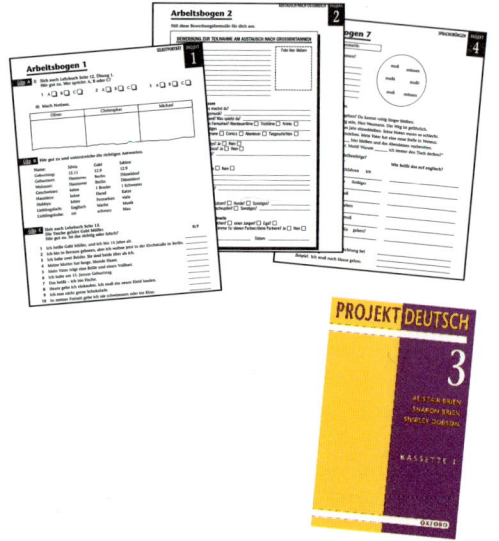

At this stage of the course you no longer have a Workbook, but you will use worksheets: **Arbeitsbögen**. These are available whenever you see this symbol: **AB 1A**. You will not be expected to do all of them. Some are called: **Sprachübungen** and practise new language or grammar points and give you a cross-reference to the grammar section at the back of the book. The **Was kannst du?** sheets are assessment sheets, which you will probably tackle towards the end of each project.

This contains all the listening activities. You will need to use this sometimes on your own or in groups, as well as with the whole class.

Working through a project:

Each project starts with a collage, which introduces the new language and ideas in the project and may also revise what you already know. There will be a worksheet to go with this. You then work through the other pages of the project. The instructions for the activities are in German and you will find a translation of most of these on page 5. You will need a dictionary for any words that appear in texts taken from German magazines; all other words should be in the word lists at the back of the book.

On some pages there are **Miniprojekt** suggestions. You might be given these to complete for homework or if you have finished other work. You should aim at producing your own personal version of these, and should keep them in a folder. Try to find different ways of producing them, for example, either on cassette or on video, using a word processor, perhaps providing illustrations.

The final section of each project contains **Projektideen**. These range from games, to the production of booklets, short plays or dialogues. To do these you need to use the new language and ideas from the project as well as what you have learned before. When you have finished, you will be expected to write up your own word list for the project, noting new or key words.

At various stages during the course you will be able to dip into the **Zum Lesen** section. If you are finding the course relatively easy, the **Extraseiten** at the back of the book are for you; you can work on these in your own way when you have completed everything else.

Remember: you are now expected to take greater responsibility for planning and organizing your own work. That includes use of dictionaries and the grammar section. The **Einleitung** section on pages 6–11 takes you through some revision material and shows you how to approach a **Miniprojekt**. During the course, keep turning back to these pages, and use the information given!

INTRODUCTION

PROJEKT DEUTSCH

Here are the symbols and instructions used in **Projekt Deutsch 3**:

- information box
- list of key words
- **AB 5B** worksheet reference
- listening activity **Hör gut zu/Zum Hören**
- pairwork **Partnerarbeit**
- groupwork **Gruppenarbeit**
- dictionary work **Wörterbucharbeit**
- computer work
- video work
- writing
- reading
- speaking
- make your own word list **Mach eine Wortliste**

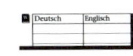

Auf deutsch	In German
Auf englisch	In English
Beispiel:	Example:
Beschreib ...	Describe ...
Bildet Sätze.	Form sentences.
Deckt die Spechblasen zu.	Cover the speech bubbles.
Die Antworten sind auf Kassette.	The answers are on cassette.
Du könntest den Text im Computer verarbeiten.	You could word process the text.
Du könntest einen Computer benutzen.	You could use a computer.
Erfindet andere Dialoge.	Make up different dialogues.
Finde das richtige Bild/Foto.	Find the right picture/photo.
Ihr könntet es auf Kassette/Video aufnehmen.	You could record this on cassette/video.
Lies die Informationen.	Read the information.
Mach dein eigenes ...	Make your own ...
Mach Notizen.	Make notes.
Mach eine Umfrage.	Do a survey.
Macht ein neues Rollenspiel.	Produce a new roleplay.
Ratet mal.	Guess.
Sammelt Informationen.	Collect information.
Schau ... an.	Look at ...
Sieh ... an.	Look at ...
Spielt die Szene vor.	Act out the scene.
Stellt Fragen zusammen.	Ask each other questions.
Übt ...	Practise ...
Wähle ...	Choose ...
Was kannst du über ... herausfinden?	What can you find out about ...?
Was lernst du über ...?	What can you learn about ...?
Was passiert?	What happens/What is happening?
Was paßt zusammen?	What goes together?
Was sagen sie?	What are they saying?
Welche Ausrede?	Which excuse?
Welches Bild?	Which picture?
Wer ist das?	Who is it?
Wer spricht?	Who is speaking?

Here are some additional phrases to help you keep to German when talking to your teacher or friends.

Kannst du mir bitte helfen?/Können Sie mir bitte helfen?
Can you help me please?

Wo ist die Kassette für diese Übung, bitte?
Where is the tape for this exercise, please?

Was meinst du?/Was meinen Sie?
What do you think?

Ist das richtig?
Is that right?

Wie schreibt man das?
How do you spell that?

Haben Sie die Antworten für Arbeitsbogen 4, bitte?
Do you have the answers for worksheet 4, please?

Sieh auch Lehrbuch Seite 12.
Look at Students' Book page 12.

Wie heißt ... auf deutsch/auf englisch?
How do you say ... in German/in English?

Ich bin fertig! Was mache ich jetzt?
I've finished! What do I do now?

Wie bitte?
Pardon?

Ich verstehe nicht!
I don't understand!

5

PROJEKT DEUTSCH

Einleitung

der Anspitzer	der Sportschuh	das Blatt Papier
der Arbeitsbogen	der Stundenplan	das Buch
der Bleistift	der Trainingsanzug	das Federmäppchen
der Filzstift		das Geld
der Klebstoff		das Hausaufgabenbuch
der Kuli	die Armbanduhr	das Heft
der Orangensaft	die Diskette	das Käsebrot
der Ordner	die Fahrkarte	das Lehrbuch
der Radhelm	die Informatik-Mappe	das Lineal
der Radiergummi	die Note	das Lunchpaket
der Rechner	die Schere	das Wörterbuch
der Schlüssel	die Tasche	das Zeugnis

EINLEITUNG **PROJEKT DEUTSCH**

🔊 Hör gut zu. Welches Bild paßt?

W Wörterbucharbeit. Wie heißt das alles auf deutsch?

7

Mein Schultag

1 Hör gut zu und lies mit.

Mein Schultag

Montag:

Ich stehe normalerweise um zwanzig Minuten nach sieben auf.

Um Viertel vor acht esse ich mein Frühstück.

Ich bin um halb neun in der Schule.

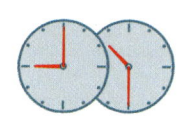

Von neun bis halb elf habe ich Mathe und Deutsch.

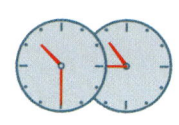

Die Pause dauert 15 Minuten.

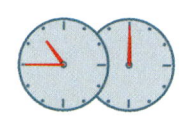

Von Viertel vor elf bis zwölf Uhr habe ich Naturwissenschaften.

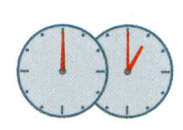

Die Mittagspause dauert eine Stunde.

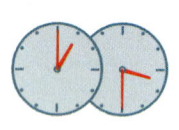

Von eins bis halb vier habe ich Erdkunde und Kunst.

Dann gehe ich nach Hause, ich esse, ich mache meine Hausaufgaben, ich sehe fern, und danach gehe ich ins Bett.

AB 1A

2 Was ist hier falsch?
Wie ist die richtige Reihenfolge?

A Von eins bis halb vier habe ich Geschichte und Informatik.

B Ich bin um halb neun in der Stadtmitte.

C Um halb acht esse ich mein Mittagessen.

D Von neun bis halb elf habe ich Musik und Religion.

E Die Mittagspause dauert eine Stunde.

F Ich stehe normalerweise um zwanzig Minuten nach sieben auf.

G Von Viertel vor elf bis zwölf Uhr habe ich Naturwissenschaften, Erdkunde und Mathe.

H Die Pause dauert 15 Minuten.

Die Antworten sind auf Kassette.

3 Partnerarbeit. Stellt Fragen zusammen.

Beispiel:

Wann stehst du normalerweise auf?

Wann ist die Pause?

Was hast du um neun Uhr?

Was hast du nachmittags?

Miniprojekte

- Beschreib deinen Schultag.
  1 Welcher Tag ist das?
  2 Wann stehst du auf?
  3 Was machst du?

- Wie ist dein idealer Tag?

- Mach eine Umfrage in deiner Klasse. Was ist die Lieblingsaktivität?

AB 1B
AB 2

Wie mache ich ein Miniprojekt?

In *Projekt Deutsch 3* findest du Miniprojekte.
Bevor du ein Miniprojekt beginnst, mußt du immer ...

1. die Informationen auf der Seite im Lehrbuch lesen und die Übungen und Arbeitsbögen fertigmachen
2. die Miniprojekte lesen
3. Zeit nehmen, um zu planen und dabei die passende Technologie wählen
4. die Fragen schriftlich beantworten
5. Bilder finden oder zeichnen, um das Miniprojekt zu illustrieren und vielleicht alles auf Kassette oder auf Video aufnehmnen.

Beispiele:

1 Die Informationen auf der Seite im Lehrbuch lesen und die Übungen und Arbeitsbögen fertigmachen.

Mein Schultag

Montag:

Ich stehe normalerweise um zwanzig Minuten nach sieben auf.

Um Viertel vor acht esse ich mein Frühstück.

3 Partnerarbeit. Stellt Fragen zusammen.

Wann stehst du normalerweise auf?

Um sieben Uhr.

2 Die Miniprojekte lesen.

Miniprojekte

- Beschreib deinen Schultag.
  1. Welcher Tag ist das?
  2. Wann stehst du auf?
  3. Was machst du?

- Wie ist dein idealer Tag?

- Mach eine Umfrage in deiner Klasse. Was ist die Lieblingsaktivität?

3 Zeit nehmen, um zu planen und dabei die passende Technologie wählen.

EINLEITUNG **PROJEKT DEUTSCH**

4 Die Fragen schriftlich beantworten.

Du könntest den Text im Computer verarbeiten.

- Vergiß nicht, den Text zu speichern. Schreib den Titel fett.
- Hilfe! Ich habe den Text verloren!
- Was mache ich jetzt?
- Darf ich das drucken?

5 Bilder finden oder zeichnen, um das Miniprojekt zu illustrieren und vielleicht alles auf Kassette oder auf Video aufnehmen.

Beispiel:

Mein idealer Tag – Mein Geburtstag

Es ist 🕐 und ich stehe auf. Es ist mein Geburtstag. Ich habe viele 🎁. Ich bekomme auch DM 100 und Karten für ein Konzert. Ich fahre in die Stadt 🚊 Stadtmitte. Ich treffe meine Freunde. Wir essen Pizza 🍕 und Schokoladeneis 🍨 und gehen ins Konzert 🎤. Ich gehe um 🕐 morgens ins Bett 🛏.

Du könntest auch einen Comic schreiben und den Text aufnehmen.

Beispiel: Mein idealer Tag

- Es ist 10 Uhr. Gut! Es ist Sonntag.
- Ich spiele Fußball.
- Ich gehe zum Club. JUGENDGRUPPE

Jetzt kannst du ein Miniprojekt selber machen!

11

Selbstporträt

PROJEKT 1

❶

Steckbrief
NAME: Oliver
GEBURTSTAG: 28.11.
GEBURTSORT: Düsseldorf
STERNZEICHEN: Schütze
GRÖSSE: 1,86
AUGENFARBE: braun
HOBBYS: Tennis, Telefonkartensammlung
BERUF: Schüler
WAS ICH MAG: interessante Leute
WAS ICH NICHT MAG: langweilige Leute, dumme Witze

A

Steckbrief
NAME: Christopher
GEBURTSTAG: 18.6.
GEBURTSORT: München
STERNZEICHEN: Zwillinge
GRÖSSE: 1,75
AUGENFARBE: braun
HOBBYS: Musik, Weggehen, Sport, Lesen
BERUF: Schüler
WAS ICH MAG: spontane, individualistische Mädchen
WAS ICH NICHT MAG: Arroganz

B

Steckbrief
NAME: Michael
GEBURTSTAG: 12.08.
GEBURTSORT: Zürich
STERNZEICHEN: Löwe
GRÖSSE: 1.85
AUGENFARBE: grün
HOBBYS: Fußball, Eishockey
BERUF: Lehrling
WAS ICH MAG: sympatische, schüchterne Mädchen, die sich toll vorkommen.
WAS ICH NICHT MAG: Mädchen, die einen anmachen und dann sitzenlassen.

C

❷

A

B

C

SELBSTPORTRÄT PROJEKT 1

**Gabi Müller
Kirchstraße 6d
Bremen**

❸

Einkaufsliste
- T-Shirt
- Turnschuhe
- Zahnpasta
- Neue Telefonkarte
- Briefmarken
- Geschenk für Martin

A

B

Eintrittskarte für Erwachsene
Eis- und Schwimmstadion   Preis DM 5,—   5

F

Januar
1
6   2
13   7   3
20 Kerstins 8
28 Geburtstag 14 Mein
        21   15 Geburtstag!
        29   22
             30

Februar
1
8   2
14   9   Christians 3
20   15 Geburtstag 19
        21   16
D   E   G

März
1
Muttis Geburtstag 2
7
14
21
29

❶ Hör gut zu und sieh die drei Steckbriefe an.
   Wer spricht: A, B oder C?
AB 1A

❷ Sieh die drei Mädchen an.
AB 1B
   Wähl ein Foto und schreib einen Steckbrief.
   Partnerarbeit. Erfindet Interviews mit den Mädchen!

❸ Diese Tasche gehört Gabi Müller.
   Hör gut zu und sieh die Bilder an.
   Ist das richtig oder falsch?
AB 1C
   Schreib einen Steckbrief für Gabi.
AB 2A

FRANCE 2
Sleepless in Seatt
24.10 (46) 18h30
Reihe 4-11
REIHE 09 PLATZ 3
Beachten Sie bitte die Beginnzeiten!

H

13

Meine Freunde

1 Hier ist Karins Freundeskreis.
Hör gut zu und finde die Freunde.

2 Wer ist hier ...
freundlich?
dumm?
lustig?
attraktiv?
nervös?
intellektuell?
sportlich?
lieb?

3 Lies den Brief und finde das richtige Foto.

Köln, den 23. September

Liebe Susi!
Ich bin sooooo glücklich!
Ich habe einen neuen Freund in den Ferien kennengelernt! Wir waren beide im gleichen Hotel in Spanien, under hat mir sofort gefallen.
Er ist ziemlich groß und hat lange, blonde Haare und blaue Augen.
Normalerweise trägt er eine Jeansjacke und Sportschuhe und sieht ganz sportlich aus.
Er ist immer lustig und hört auch gern die gleiche Musik wie ich!
Ich lege ein Foto von ihm bei.
Bis bald,
Deine Veronika

	sein		haben
ich	bin	ich	habe
du	bist	du	hast
er/sie/es	ist	er/sie/es	hat
wir	sind	wir	haben
ihr	seid	ihr	habt
sie	sind	sie	haben
Sie	sind	Sie	haben

Sein Bruder Ihr	ist	nett.
Seine Schwester Ihre		
Sein Haar Ihr		lockig.
Seine Augen Ihre	sind blau.	

SELBSTPORTRÄT   PROJEKT 1

4 Wie gut kennst du deine Freundin/deinen Freund?
Wie viele Fragen kannst du beantworten?

1. Wann ist er/sie geboren?	2. Um wieviel Uhr ist er/sie geboren?	3. Wo ist er/sie geboren?	4. Hat er/sie einen zweiten Namen?
5. Hat er/sie Geschwister?	6. Wie alt sind sie?	7. Wie groß ist er/sie?	8. Welche Schuhgröße hat er/sie?
9. Kennst Du alle seine/ihre Spitznamen?	10. Hat er/sie Haustiere?	11. Was ist sein/ihr Lieblingstier?	12. Wie ist seine/ihre Augenfarbe?
13. Was ist sein/ihr bestes Schulfach?	14. Was ist seine/ihre Lieblingsfarbe?	15. Wie heißt sein/ihr Lieblingsfilm?	16. Was ist seine/ihre Lieblingsmusik?

5 Zum Lesen.

Meine beste Freundin heißt Paula.
Sie ist ...

Perfekt
Attraktiv
Und mysteriös
Lieb
Auch intelligent

BESTE FREUNDIN?

Sie war meine beste Freundin, als ich sie meinem Mann vorstellte. Sie war meine beste Freundin, als sie sagte, er wäre süß. Sie war meine beste Freundin, als sie schwor, da wäre nichts. Sie war immer noch meine beste Freundin, als sie mit ihm ausging. Ich wurde ihre Feindin, als er nicht mehr wieder kam.

Gabi

AB 3C

Miniprojekt

- Wie heißt dein bester Freund oder deine beste Freundin? Warum seid ihr Freunde? Finde ein Bild von ihm/ihr und schreib ein Gedicht.

AB 3D

Mein Taschengeld

1 Hör gut zu. Wer ist das? A, B oder C?

2 Welche Sprechblase paßt zu welchem Bild?

A Ich bekomme 30 Franken pro Monat.

B Ich bekomme 8 Mark pro Woche.

C Ich bekomme 8 Mark pro Monat.

D Ich kaufe Hobbyzeitschriften, Bonbons und Computerspiele.

E Ich spare für einen neuen Computer.

F Ich spare für Kleidung und neue Turnschuhe.

G Ich spare für neue Computerspiele.

H Ich bekomme 10 Schilling pro Woche.

I Ich kaufe Makeup und Bonbons.

J Ich kaufe Bonbons, Zeitschriften und Getränke.

K Ich kaufe Makeup, Gel und Ohrringe.

L Ich spare für ein Motorrad.

3 Partnerarbeit. Deckt die Sprechblasen zu. Sieh Übung 1 an. Du bist A, B oder C. Dein Partner stellt Fragen. Was sagst du?

AB 6

i	Wieviel Geld bekommst du?	Ich bekomme ... pro Woche/Monat.
	Was kaufst du?	Ich kaufe ...
	Wofür sparst du?	Ich spare für ...

16

SELBSTPORTRÄT PROJEKT 1

4 Hör gut zu. Was machen sie mit ihrem Taschengeld?

AB 7A

Ich brauche mein Geld für	den Jugendklub.
	Kleidung.
	das Kino.
	Eintrittskarten.

5 Partnerarbeit. Erfindet Dialoge.

Miniprojekt

- Mach eine Klassenumfrage zum Thema Taschengeld.
  1 Welche Fragen stellst du?
  2 Wie schreibst du die Antworten auf?
  3 Wie zeigst du die Resultate?
  Du könntest einen Computer benutzen.

AB 7B

17

Ein Einkaufsbummel

1 Hör gut zu und mach Detektivarbeit.
- Wieviel Taschengeld bekommt Anke pro Woche?
- Was kauft sie?
- Wieviel Geld spart sie pro Monat?

Schreib eine Einkaufsliste für sie.

1 Samstags bekomme ich mein Taschengeld. Ich fahre in die Stadt.

2 Ich gehe zum Schreibwarenladen.

3 Dann gehe ich zum Musikladen.

AB 8A

2 Finde hier zwei Dialoge. Die Antworten sind auf Kassette.

AB 8B

A Hier haben wir einen sehr schönen in dunkelgrün.

B Danke. Ich nehme ihn.

C Ja. Ich möchte auch einen Ordner, wenn möglich einen roten.

D Guten Morgen. Haben Sie einen blauen Pullover, Größe 100 Zentimeter, bitte.

E Nein, rot gefällt mir nicht so sehr.

F Perfekt. Was kostet er?

G Ja, hier. Sonst noch etwas?

H Rot haben wir leider nicht. Blau haben wir.

I Sonst noch etwas?

J Gut. Ich nehme ihn. Was kostet das alles zusammen?

K Das macht 24 Schilling zusammen.

L Ja, ich möchte einen grünen Schlips.

M 12 Mark, bitte.

N Guten Tag. Haben Sie einen grünen Kuli, bitte?

O Blau leider nicht, rot haben wir aber.

Partnerarbeit.
Übt die Dialoge zusammen.

Ich möchte	einen Kuli.
Haben Sie	eine Packung Filzstifte.
	die neue CD von den Skorpions.
	ein rotes T-Shirt, Größe 90cm.

AB 9

SELBSTPORTRÄT PROJEKT 1

4 Danach gehe ich zum Kiosk.

5 Dann gehe ich zur Sparkasse.

6 Schließlich fahre ich nach Hause.

3 Partnerarbeit. Erfindet Dialoge.

Beispiel:

1
- Guten Morgen. Haben Sie die neue CD von den Skorpions?
- Ja, hier. Sonst noch etwas?
- Ja. Ich möchte auch eine Kassette von Mozart, bitte.
- Das macht 34,10 DM, bitte.

19

Wie findest Du Dich?

1 Zum Lesen. Mach das Quiz.

SALTO Test

Wie findest

„Ich bin ganz toll!!!" Denkst Du so von Dir? Oder traust Du anderen meistens mehr zu, als Dir selbst? Dieser SALTO-Test* zeigt Dir, wie es um Dein Selbstbewußtsein steht. Die Auflösung findest Du auf Seite 91.

1) Du kennst ein Mädchen/einen Jungen, das/der Dir ziemlich gut gefällt. Du bist vielleicht sogar ein bißchen verliebt. Was tust Du?

a) Gar nichts, ich habe Angst, daß er/sie mich häßlich findet ▲

b) Kein Problem für mich, ich versuche gleich ihn/sie kennenzulernen ■

c) Ich habe Schmetterlinge im Bauch, aber ich probier's mal. Schließlich bin ich kein schlechter Typ ●

2) Wenn Du in den Spiegel schaust, dann findest Du Dich ...

a) ... nicht schlecht ▲
b) ... einfach gut ■
c) ... ziemlich schrecklich ●

3) Vor der Klasse ein Lied singen oder ein Gedicht aufsagen – für Dich ...

a) ...nicht so unangenehm, vor allem, wenn ich es gelernt habe. ▲
b) ...ganz einfach. Das macht sogar Spaß. ■ ●
c) ...ein Horror! Ich werde ganz rot im Gesicht. ●

*Salto ist ein deutsches Jugendmagazin.

Du Dich?

4) Du liebst den Freund/die Freundin von Deiner besten Freundin/Deinem besten Freund. Was tust Du?

a) Nichts. Ich könnte meinen Freund/meine Freundin nicht verletzten. ▲

b) Ich versuche den Jungen/das Mädchen kennenzulernen. Wenn ich ihn/sie liebe, kann ich nichts dagegen. ■

c) Ich weiß nicht. Vielleicht warten auf die Reaktion des Jungen/Mädchens. ●

5) Du hast in der Schule 'was Falsches gemacht und mußt nach der letzten Stunde zurückbleiben. Wie fühlst Du Dich?

a) Furchtbar, ich kämpfe mit den Tränen! ▲

b) Das macht mir gar nichts aus. ■

c) Schon schlimm, da muß ich richtig schlucken. Ich sehe aber ein, daß ich was falsch gemacht habe! ●

6) Heftige Diskussion in Deiner Klasse. Du stehst mit Deiner Meinung so ziemlich allein da. Was tust Du?

a) Das verunsichert mich schon sehr, deshalb ändere ich meine Meinung. Die anderen haben sicher recht. ▲

b) Ich bleibe natürlich bei meiner Meinung und versuche einfach lauter zu sein als die anderen. ■

c) Ich stehe schon hinter meiner Meinung, aber ich höre mir auch an, was die anderen sagen. ●

Projektideen

1 Zum Lesen.

SABINE SUPERSTAR

Was ich gern mag
Joghurt • Obst • meinen neuen Freund • ins Kino gehen • Zeitschriften • Schmuck • Komödien • Freundinnen mit Humor • Gitarre spielen • Musik von Queen • Tennis • Radfahren • Eislaufen • meinen Geburtstag

Was ich nicht mag
Zigaretten • Fleisch • ins Theater gehen • Musik von Elton John • rosa Jeans • spät aufstehen • Honig • humorlose Freundinnen • Fußball • VWs • Fastfood • Tom Cruise • Zahnpasta • Arroganz

CHRISTIAN SCHMIDT

Name: Christian Schmidt
Geburtstag: 27. Januar
Geburtsort: Hamburg
Wohnort: Eigene Wohnung im Zentrum Hamburgs
Größe: 1,85 Meter
Gewicht: ca. 70 kg
Haarfarbe: Schwarz
Augenfarbe: Blau
Hobbys: Fußball, Joggen, Komponieren und Liedertexte schreiben
Film: Das Auge der Katze
Singles: I've got designs on you; Blue-eyed girl
Besonderes: Hört privat gern klassische Musik und sieht gern Film-Klassiker auf Video an. Hatte sechs Jahre lang Klavierunterricht und kann auch Schlagzeug spielen. Hatte 1979 mit dem Fahrrad einen Verkehrsunfall und lag drei Monate im Krankenhaus. Nimmt im August eine neue Single auf.

2 Du bist ein Star! Erfinde eine neue Identität. Finde ein Bild. Beschreib dich.

SELBSTPORTRÄT PROJEKT 1

3 Gruppenarbeit. Macht eine Umfrage.
- Sammelt Informationen über die neuen Stars in deiner Gruppe.
- Jede Gruppe liest ein Porträt eines Stars vor.

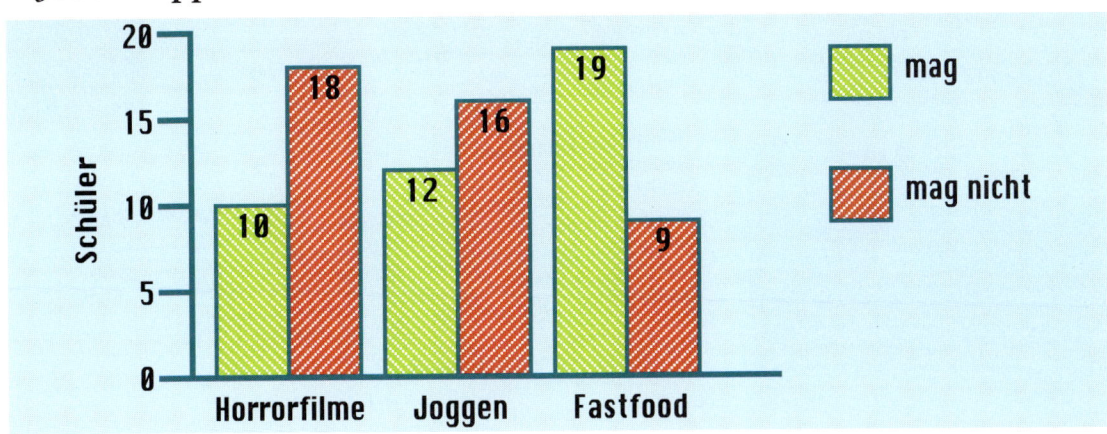

	Horrorfilme	Joggen	Fastfood
mag	10	12	19
mag nicht	18	16	9

(Schüler)

4 Stell die Informationen über die Stars an der Wand aus.
Lies diese Informationen. Wen möchtest du treffen?

5 Partnerarbeit. Macht ein Interview mit einem neuen Star.

Beispiel:

Wie sind Sie?
Sind Sie freundlich oder wie?

Was kaufen Sie gern?

Was tragen Sie am liebsten, wenn Sie fernsehen?

Was für Filme sehen Sie gern?

Was haben Sie heute in Ihrer Tasche?

Ihr könntet es auf Kassette oder auf Video aufnehmen!

6 Hier ist ein Brief von Jürgen. Schreib eine Antwort.

> Schön, daß ich Dich bald sehe! Ich habe viele Fragen, weil Du so wenig schreibst. Wie heißen Deine Freunde? Hast Du eine Freundin? Wie ist sie? Hast Du ein Foto? Wieviel Taschengeld ist normal bei Euch? Was kaufst Du meistens damit? Was machst Du am Wochenende? Bitte schreib bald!
>
> Viele Grüße
> Dein Jürgen

Mach jetzt eine Wortliste für dieses Projekt.

23

PROJEKT 2

Austausch nach Österreich

BEWERBUNG ZUR TEILNAHME AM AUSTAUSCH NACH GROSSBRITANNIEN

❶
Name: Bergmann
Vorname: Anke
Geburtstag: 28/8
Klasse: 9c
Anschrift: Kettenstr. 33,
A-6352 Ellmau/Tirol
Telefonnummer: 053 58/23 02
Elternberuf: Vater: Bäcker, Mutter: Postbeamtin

Geschwister: 2 Brüder, 1 Schwester

Hobbys und Interessen
Treibst du Sport? Was machst du? Ich schwimme gern und fahre gern Ski.
Was ist deine Lieblingsmusik? Rockmusik
Spielst du ein Instrument? Was spielst du? Geige
Was siehst du gern im Fernsehen? Abenteuerfilme ☑ Trickfilme ☐ Krimis ☐ Liebesfilme ☐ Sonstiges ☐
Was liest du gern? Romane ☑ Comics ☐ Abenteuer ☐ Tiergeschichten ☑ Sonstiges
Gehst du gern auf Partys? Ja ☑ Nein ☐
Gehst du gern in die Disco? Ja ☑ Nein ☐
Hast du andere Hobbys? Ich koche und backe gern.

Essen
Bist du Vegetarier(in)? Ja ☐ Nein ☑
Was ißt du gern? Fisch, Fleisch, Erdäpfel
Was ißt du nicht gern? Karfiol, Fisiolen
Was trinkst du gern? Tee
Was trinkst du nicht gern? Kaffee

Gesundheit
Bist du allergisch gegen Katzen? ☐ Hunde? ☐ Sonstiges?
Hast du Asthma? ☐ Heuschnupfen? ☑ Sonstiges?

Dein Partner/Deine Partnerin
Möchtest du lieber ein Mädchen? ☑ einen Jungen? ☐ Egal? ☐
Gibt es ein eigenes Schlafzimmer für deinen Partner/deine Partnerin? Ja ☐ Nein ☑

Unterschrift: Anke Bergmann   Datum: 8. Juni 95

❷

24

AUSTAUSCH NACH ÖSTERREICH — PROJEKT 2

❸

Ellmau, den 10. August

Liebe Susan!
Servus! Ich heiße Anke. Ich bin 14 Jahre alt. Ich bin sehr froh, daß Du meine Austauschpartnerin bist. Ich habe zwei ältere Brüder und eine jüngere Schwester, die fünf Jahre alt ist. Hast Du Geschwister? Meine Mutter ist Postbeamtin und mein Vater arbeitet in einer Bäckerei.

Ich treibe nicht gern Sport außer Schwimmen. Treibst Du 'was? Dafür gehe ich sehr sehr gern ins Kino. Jetzt gibt es ein Kino hier bei uns und ich gehe zweimal im Monat dahin. Was für Hobbys hast Du?

Ellmau, den 20. Oktober

Liebe Susan!
VIELEN DANK für Deinen netten Brief. Du kannst aber sehr gut Deutsch!! Ich hab' mich riesig darauf gefreut. Toll, daß Du auch gern ins Kino gehst. Jetzt freue ich mich sehr auf Deinen Besuch.

Du fragst wie das Wetter ist. Hier ist es kalt aber es gibt noch nicht Schnee. Vielleicht schneit es, wenn Du kommst. Du mußt warme Kleidung mitbringen. Wenn Du willst, können wir skifahren gehen. Dafür hab ich alles: Skimütze, Skibrille, dicke Handschuhe usw.

Meine Mutter will wissen, was Du gern ißt. Mein Vater hofft, daß Du nicht rauchst! Ich darf nicht rauchen. Sonst ist er aber gar nicht streng. Keine Angst!!! Gute Reise! Wir holen Dich von der Schule ab. Hoffentlich erkennst Du mich!

Viele liebe Grüße
    Deine Anke

PS Vergiß Deinen Badeanzug nicht! Wenn das Wetter schlecht ist, gehen wir schwimmen. Badetücher (und Seife usw) brauchst Du nicht. Da haben wir alles.

❹ **Servus! Sprichst du Österreichisch?**

- der Paradeiser
- der Karfiol 
- die Fisiolen 
- der Erdapfel 
- Schlagobers 

❶ Vor dem Austausch muß man dieses Formular ausfüllen. Was lernst du über diese Schülerin?
AB 1A / AB 2

❷ Hier ist eine Landkarte von Österreich. Hör gut zu und finde die Städte.
AB 1B

❸ Zum Lesen. Schau mal die Briefe an.
AB 1C

❹ Wie heißt das auf hochdeutsch?

25

Willkommen bei uns!

1 Hör gut zu und lies mit.
Susan kommt an.
Anke und ihre Mutter holen sie ab.

Hallo. Herzlich Willkommen. Dies ist meine Mutter.

Hallo. Es freut mich.

Hast du alles? Dein Koffer ist aber schwer!

1

Wie bitte?

Ich möchte eine Tasse Tee, bitte.

Hast du Durst?

Hast du Durst? Möchtest du etwas trinken?

2 Zu Hause...

Wir essen normalerweise um 7.00.

Ja, ich gebe dir einen!

Wann gibt es Frühstück, bitte?

Haben Sie einen Wecker, bitte?

7 Nach dem Abendessen...

Darf ich zu Hause anrufen, bitte?

Ja, natürlich. Gruß an deine Eltern!

6 Am selben Abend...

i	Hast du Haben Sie	ein Badetuch, bitte? eine Seife, bitte? einen Wecker, bitte?
	Darf ich	mich duschen? zu Hause anrufen?
	Wie bitte? Entschuldigung, ich verstehe nicht. Langsam, bitte.	

2 Partnerarbeit. Macht Dialoge.

Beispiel:

A: Wann gibt es Frühstück, bitte?
B: Wir essen normalerweise um 7.30.

AB 4A

AB 3

26

AUSTAUSCH NACH ÖSTERREICH

PROJEKT 2

3 In der Küche...

- Haben Sie Milch, bitte?
- Danke.
- Ja, natürlich. Bitte sehr.
- Bitte.

4 Kurz danach...

- Super. Und wo ist das Badezimmer, bitte?
- Hier ist dein Schlafzimmer.
- Entschuldigung. Ich verstehe nicht. Langsam, bitte!

5

- Gleich hier links, und mein Schlafzimmer ist hier rechts.

8

- Ich möchte ein Glas Wasser, bitte.
- Was ist Sprudel?
- Möchtest du noch etwas trinken?
- Sprudel gibt's im Kühlschrank.
- Das ist Mineralwasser.

9

- Darf ich mich duschen, bitte?
- Ja, natürlich. Dein Badetuch ist hinter der Tür.
- Haben Sie eine Seife, bitte?
- Ja, es gibt eine im Badezimmer.

10 Später...

- Gute Nacht!
- Schlaf gut!

3 Gruppenarbeit. Spielt die Szene vor:
Der erste Tag bei einer österreichischen Familie.

A: Du bist der/die britische Schüler/Schülerin.
B: Du bist der/die österreichische Schüler/Schülerin.
C: Du bist der Vater/die Mutter.

Ihr könntet es auf Kassette oder auf Video aufnehmen!

i	dürfen
ich	darf
du	darfst
er/sie/es	darf
wir	dürfen
ihr	dürft
sie	dürfen
Sie	dürfen

AB 4B

27

Kaffee und Kuchen

1 Lies den Text. Wohin gehen sie?
Es ist Sonntagmorgen. Wohin gehen sie? Nicht in die Kirche! Nicht ins Kino! Nicht in den Park! Sie gehen in die Konditorei! Sie kaufen Kuchen und Torten. Denn um 4 Uhr ißt man oft in Österreich* Kuchen und trinkt dazu Kaffee. Es gibt allerlei Kuchen und Torten in der Konditorei ...

*und auch in Deutschland und in der Schweiz

2 Hör gut zu. Was kostet alles in der Konditorei?

A Apfelstrudel
B Käsekuchen
C Obsttorte
D Bienenstich
E Schokoladenkuchen
F Schwarzwälder Kirschtorte
G Nußkuchen
H Himbeertorte
I Erdbeertorte
J Berliner
K Sachertorte (eine österreichische Spezialität)

AB 5A

3 Hör gut zu. Was kauft jede Gruppe? Wähl das richtige Bild.

A B C D E

28

AUSTAUSCH NACH ÖSTERREICH — PROJEKT 2

4 Partnerarbeit. Macht Dialoge.

A: Du arbeitest in der Konditorei.
B: Kauf 5 Stück Kuchen/Torten.

Beispiel:

– Guten Tag. Was darf es sein?
– Ich möchte ein Stück Himbeertorte, zwei Stück Erdbeertorte, einen Berliner und ein Stück Sachertorte, bitte.
– Also ... ein Stück Himbeertorte, zwei Stück Erdbeertorte, einen Berliner und ein Stück Sachertorte.
– Was macht das zusammen, bitte?
– 70 Schilling, bitte.

AB 5B

5 Gruppenarbeit. Spielt eine Szene in der Konditorei vor.

Ihr könntet es auf Kassette oder auf Video aufnehmen!

6 Zum Lesen. Hier ist ein Kuchenrezept.

AB 5C

Sachertorte

Für den Teig
6 Eier und 2 Eßl. heißes Wasser mit einem Handrührgerät auf höchster Stufe 1 Minute schaumig schlagen.
175g Zucker mit einem Päckchen Vanillezucker mischen, einstreuen, dann noch etwa 2 Minuten schlagen.
100g Weizenmehl mit 2 Päckchen Pudding-Pulver und 3g Backpulver mischen, 1/3 von der Eiercreme sieben, kurz auf niedrigster Stufe unterschlagen, den Rest des Mehl-Gemisches (jeweils 1/3) auf dieselbe Weise unterarbeiten, dabei 100g zerlassene, abgekühlte Butter nach und nach hinzufügen, den Teig in eine mit Papier ausgelegte Springform füllen, sofort backen.
Strom: 175–200 (vorgeheizt).
Gas: 3–4 (nicht vorgeheizt).
Backzeit: 35–40 Minuten.
Den Tortenboden gut auskühlen lassen.

Für die Füllung
200g Aprikosen-Konfitüre gut verrühren, den Tortenboden einmal durchschneiden, mit 2/3 der Konfitüre füllen, Rand und obere Seite der Torte dünn und gleichmäßig mit der restlichen Konfitüre bestreichen.

Für den Guß
125g Zartbitter-Schokolade in kleine Stücke brechen, mit etwas Kokosfett in einem kleinen Topf bei schwacher Hitze zu einer geschmeidigen Masse verrühren, die Torte damit überziehen.
Sobald der Guß fest geworden ist, die Torte in 16–18 Stücke einteilen.

Miniprojekte

- Was kannst du über österreichische Kuchen herausfinden?
  1. Was ißt man gern in Österreich?
  2. Wer war Sacher?
  3. Welche Zutaten braucht man für eine Sachertorte?

- Ißt du gern viel Süßes?
  1. Was ist dein Lieblingskuchen?
  2. Wie macht man das?

Was kann man hier machen?

1 Schau mal die Posters und Fotos an.
Was kann man in der Gegend alles machen?

AB 6

2 Hör gut zu. Welches Foto ist das?

AUSTAUSCH NACH ÖSTERREICH PROJEKT 2

3 Hier ist Susans Austauschbericht. Was hat sie jeden Tag gemacht?

Montag
bei Anke angekommen – nach Hause telefoniert
Familie sehr freundlich
Ich habe nicht viel verstanden!

Dienstag
mit Anke in die Schule gegangen – sehr wenig verstanden.
Wir waren um 1.00 wieder zu Hause
Nachmittags mit Ankes Freundinnen schwimmengegangen. Heimweh!

Mittwoch
nach Innsbruck gefahren
Ich habe den olympischen Skisprung und Alpenzoo besucht. Ein Supertag!

Donnerstag
Es hat geschneit. Aber nicht genug zum Skifahren.
Wir haben einen Einkaufsbummel gemacht und viele Geschenke gekauft.

Freitag
nach Hause. Schade! Ich bin traurig!

Samstag

Sonntag

4 Hier sind Auszüge aus Ankes Tagebuch. Hör gut zu. Was paßt hier zusammen?

1 Montag war Susan ziemlich schüchtern,   … weil sie nach Hause fahren mußte. [A]

2 Dienstag war leider nicht so gut,   … weil sie Heimweh hatte. [B]

3 Mittwoch war der beste Tag,   … weil wir in der Stadt einkaufen gegangen sind. [C]

4 Donnerstag hat ihr sehr gut gefallen,   … weil wir zusammen einen tollen Ausflug gemacht haben. [D]

5 Freitag war sie sehr traurig,   … weil alles so neu war, und sie so wenig verstanden hat. [E]

| i | Am Montag Am Dienstag Am Mittwoch Am Donnerstag | bin ich | nach Wien in die Stadt schwimmen | gefahren. gegangen. gegangen. |
| | | habe ich | Tennis eine Reise nach Salzburg Innsbruck | gespielt. gemacht. besucht. |

AB 7

Miniprojekt

- Du hast einen Austausch gemacht! Schreib dein eigenes Tagebuch. Wie war es? Was hast du jeden Tag gemacht?

Geschenke für die Familie

1 Hör gut zu. Anke und Susan sind im Kaufhaus.
Es ist Susans letzter Tag in Österreich mit ihrer Partnerin Anke. Sie gehen in die Stadt, um Geschenke zu kaufen. Sie sind im Kaufhaus.

1 Susan kauft ein Geschenk für ihren Bruder...

2 *Nein das gefällt mir nicht.*

Was mag sie gern?

6

7 Für wen kauft sie jetzt ein?

2 Hör gut zu. Welche Souvenirs haben sie gekauft?

A B C D

i	Für	meine	Mutter Schwester	habe ich	einen Teller eine Wasserpistole	gekauft.
		meinen	Vater Bruder		ein Kuscheltier Kuhglocken	
		meine	Eltern			
	Als Souvenir					

AUSTAUSCH NACH ÖSTERREICH

PROJEKT 2

4 Sie sucht jetzt ein Geschenk für ihre Eltern...

Ja, das gefällt mir gut.
Ja, mir auch. Das nehme ich.
Dann nehme ich zwei.
Ja gut. Die nehme ich.
Die sind ein Geschenk für dich!
Oh, danke! Das ist aber nett von dir.

W
der Strauß
die Blume
die Schachtel
die Tulpe
das Geschenk
das T-Shirt
das Weinglas

3 Zum Lesen. Ein Dankesbrief.

AB 8

Portsmouth, den 28. November

Liebe Familie Bergmann!

Wie geht's? Ich bin gut nach Hause gekommen. Ich möchte mich ganz herzlich für den schönen Aufenthalt bei Euch in Österreich bedanken. Ihr wart alle so freundlich und hilfreich und ich habe mich bei Euch sehr wohlgefühlt. Hoffentlich habe ich auch mein Deutsch verbessert!

Ich habe so viel Interessantes in Österreich gesehen. Vielen Dank noch mal auch für die tollen Ausflüge, die wir zusammen gemacht haben. Besonders schön war die Fahrt nach Innsbruck.

Ich freue mich sehr auf Ankes Besuch, dann kann ich ihr die Sehenswürdigkeiten hier zeigen.

Viele Grüße auch von meinen Eltern,   Eure Susan

33

Projektideen

1 Eine Busreise durch Österreich!
Hier ist ein Spiel für zwei oder drei Personen.

Spielregeln:
- Alle Spieler beginnen in Bregenz.
- Für den Start eine Eins würfeln.
- Wenn man auf das Feld kommt, die Frage beantworten.
- Richtige Antwort – noch einmal würfeln.
- Falsche Antwort – einmal aussetzen.
- Der nächste ist dran.
- Wer zuerst in Wien ankommt, gewinnt.

🟥 Was fehlt dir?
🟩 Probleme beim Einkaufen: Was sagst du?
🟦 Was möchtest du?
⬜ Was weißt du über Österreich?

Beispiele:

Hast du/Haben Sie ein Badetuch, bitte?

Was kosten sie, bitte?

Ich möchte eine Tasse Kaffee, bitte.

Apfelstrudel, Himbeertorte,...

Nenne fünf Sorten von Kuchen.

Nenne fünf Sorten von Kuchen.

Was ist die Hauptstadt von Österreich?

2 Mach dein eigenes Austauschwörterbuch.
Mach zuerst eine Titelliste. Wie teilst du sie auf?

Beispiele:

Man stellt sich vor
Herzlich Willkommen! — Welcome!
Es freut mich. — Pleased to meet you.

Zahlen
hunderteins — 101
tausend — 1000

Einkaufen
Das gefällt mir gut. — I like it.
Das nehme ich. — I'll take it.

Du könntest einen Computer benutzen.

34

AUSTAUSCH NACH ÖSTERREICH — PROJEKT 2

In welcher Stadt wohnte Mozart?

Welche Farben hat die österreichische Fahne?

SALZBURG • LINZ • WIEN • GRAZ

Wo waren die Olympischen Winterspiele im Jahr 1964?

Wie heißt das österreichische Geld?

Im Verkehrsamt
Was gibt es hier zu tun? — What is there to do here?
Wann ist das Museum geöffnet? — When does the museum open?

Im Restaurant
Erdbeertorte — strawberry flan
Berliner — doughnut

Die Ankunft bei der Familie
Hast du Durst? — Are you thirsty?
Haben Sie eine Seife, bitte? — Do you have some soap, please?

Mach jetzt eine Wortliste für dieses Projekt.

PROJEKT 3

Tiere

A Alpenzoo®
Innsbruck-Tirol
Weiherburggasse 37
A-6020 Innsbruck

Telefon: 05 12 / 29 23 23
Telefax 05 12 / 29 30 89

B beaphar®
FLOH STOP
DER HUND
EIN GANZES JAHR
FLOH- UND ZECKENFREI

2 UNGEZIEFERBÄNDER
MIT VERSCHIEDENEN WIRKSTOFFEN
VERHINDERN RESISTENZBILDUNG

D GREENPEACE — RETTET DIE WALE

E SUPER KNÜLLER 5.99
SUPER KNÜLLER -.99
Frischer Schweinehals
mit Knochen, saftige Bratenstücke, kg

36

TIERE PROJEKT **3**

F

Rüstungsforschung und Tierversuche ausnahmslos weltweit verbieten

Lexikon
Leopard
(Panthera pardus)

Körperlänge:	95 – 167 cm
Schwanzlänge:	60 – 97 cm
Gewicht:	20 – 100 kg
Standhöhe:	50 – 75 cm
Tragzeit:	90 – 105 Tage
Wurfgröße:	1 – 6 (2 – 4 im Durchschnitt)

G

H

Katzen im Glück

Im Schmusen und Spielen sind Katzen unschlagbar. Aber auch ihr unaufdringliches Da-Sein empfinden die Menschen als angenehm, besonders Frauen, aber auch immer mehr Männer.

Weiblich Männlich

85% 80%
Meine Katze freut sich, wenn ich nach Hause komme

78% 70%
Meine Katze ist fast wie ein Familienmitglied

68% 64%
Mit meiner Katze kann ich schön schmusen

65% 68%
Ich kann mit meiner Katze schön spielen

49% 40%
Mit meiner Katze bin ich weniger einsam

20% 16%
Meine Katze ist ein wenig Kindersatz

I

Er paßt auf!
Sie auch?

Il fait attention!
Et vous?

He is watching!
Are You as well?

¡El pone atención!
¿Y Usted?

Die Flughafensicherheitsdienste raten:
• Auf herrenloses Gepäck oder andere Gegenstände achten!
• Kein fremdes Gepäck entgegennehmen!
• Eigenes Gepäck nie unbeaufsichtigt lassen!
Wenn Sie Verdächtiges wahrnehmen, wählen Sie Telefon 114 oder 110!

Le service de sécurité aéroportuaire recommande:
• Méfiez-vous des bagages et des objets abandonnés!
• N'acceptez pas les bagages d'autres personnes!
• N'abandonnez jamais vos bagages!
Si quelque chose vous paraît suspect, appelez 114 ou 110!

The Airport Security Services recommend:
• Look out for abandoned baggage and other objects!
• Do not accept someone else's baggage!
• Never leave your own baggage unattended!
If you notice anything suspicious, call 114 or 110!

Los servicios de seguridad del aeropuerto aconsejan:
• ¡Prestar atención a equipajes y otros objetos abandonados!
• ¡No hacerse cargo de equipajes de personas desconocidas!
• ¡Cuidar siempre su equipaje!
¡Si alguna cosa le parece sospechosa a Vd., llame por teléfono el 114 o el 110!

Flughafen Frankfurt Main AG

Ihre Flughafensicherheitsdienste
Votre service de sécurité aéroportuai
Your Airport Security Services
Sus servicios de seguridad del aeropuerto

J

K

Wie viele Tierarten siehst du hier?
Wie viele kannst du auf deutsch nennen?
🔊 Hör gut zu. Welches Bild ist das?

AB 1

37

Im Zoo

1 Welches Tier ist das?

w	
	der Affe
	der Bär
	der Elefant
	der Löwe
	der Tiger
	die Giraffe
	das Kamel
	das Zebra

Hör gut zu. Die Antworten sind auf Kassette.

AB 2A

2 Partnerarbeit. Schaut den Plan unten an. Stellt Fragen zusammen: Wo finde ich… ?

Beispiel:

A: Wo finde ich die Tiger?
B: Zwischen den Löwen und den Bären.

i	Wo finde ich	das Aquarium?
		die Zoo-Schule?
		den Ausgang?
		die Elefanten?
	Neben	dem Spielplatz.
	Vor	der Bushaltestelle.
	Hinter	dem Restaurant.
	Zwischen	den Löwen und den Affen.

AB 3

3 Hör gut zu und finde die richtige Nummer. Was haben sie heute gesehen?

Beispiel: A = 5

A der Ausgang
B der Parkplatz
C der Spielplatz
D der Verkaufskiosk
E die Bushaltestelle
F die Zoo-Schule
G das Aquarium
H das Elefantenhaus
I das Restaurant
J die Toiletten

AB 2B
AB 4

38

TIERE PROJEKT **3**

4 Partnerarbeit. Schaut den Plan an. Stellt Fragen zusammen: Was hast du heute gemacht?

Beispiel:

A: Was hast du heute gemacht?
B: Ich habe die Löwen gesehen.
A: Nummer 3.
B: Richtig!

B: Was hast du heute gemacht?
A: Ich bin ins Restaurant gegangen.
B: Buchstabe I.
A: Richtig!

| Ich habe | die Elefanten die Tiger | gesehen. |
| Ich bin | ins Restaurant zum Verkaufskiosk zum Aquarium | gegangen. |

5 Zum Lesen. Was paßt zusammen?

Beispiel: A = 2

A Die Architektur allein ist ein Besuch wert. Das Elefantenhaus ist aus dem Jahre 1913 und ist besonders bekannt.

B Um den Zoo zu erreichen, kann man mit der Standseilbahn hochfahren.

C Hier sind die Tiere nicht eingesperrt, sondern sie dürfen im Park frei herumlaufen.

D In diesem österreichischen Zoo kann man mehr als 1500 Alpentiere, über 150 Arten, sehen.

E Man kann in den Bergen wandern, die Tiere bewundern und danach eine Tasse Kaffee genießen.

F Hier kann man allerlei Großtiere aus der ganzen Welt sehen.

Miniprojekt

- Zeichne einen Plan von einem idealen Zoo. Beschrifte den Plan. Beschreib, wo man alles findet, zum Beispiel: *Der Parkplatz ist vor dem Eingang.*

Ich habe meinen Tiger verloren!

1 Hör gut zu und lies mit.

- Oh, nein! Was ist passiert?
- Entschuldige, bitte. Hast du vielleicht einen Tiger gesehen?
- Einen Tiger? Nein, leider nicht!
- Entschuldigen Sie, bitte. Haben Sie einen Tiger gesehen?
- Nein. Ich habe leider keinen Tiger gesehen. Du gehst am besten zur Polizei!
- Also, wann hast du ihn verloren?
- Heute morgen. Er war einfach nicht mehr da!
- Entschuldigen Sie, bitte. Ich habe meinen Tiger verloren. Haben Sie ihn vielleicht gesehen?
- Bei der Polizei
- Einen Tiger, sagst du? Füllen wir dieses Formular aus.

2 Ratet mal. Was haben sie verloren? Was sagen sie?

Beispiel:

A Ich habe meinen Hund verloren.

3 Partnerarbeit. Übt zusammen. Welches Tier habt ihr verloren? Könnt ihr es beschreiben?

Er	ist	groß/mittelgroß/klein
Sie		schwarz/weiß/grau
Es		(un)freundlich/gefährlich
	hat	große/kleine Augen/Ohren/Zähne
		einen langen/kurzen/keinen Schwanz
		eine lange/kurze Nase*
		lange/kurze Beine

*(bei Elefanten: einen langen Rüssel)

TIERE — PROJEKT 3

Comic (Bilder 6–10)

6: „...wo hast du ihn verloren?" — „Am Zoo."

7: „Und kannst du ihn bitte beschreiben?"

8: „Ja, natürlich! Er ist ziemlich groß und gefährlich. Und jetzt hat er bestimmt großen Hunger. Er ist schwarz-gelb gestreift und hat einen langen Schwanz und spitzige Zähne."

9: „Keine Panik! Komm mit mir zum Fundbüro!"

10: Beim Fundbüro — „Mein Tiger!" — „Oh, danke! Danke schön!"

---

4 Lies den Brief und mach Notizen. Was mußt du für Happi machen?

AB 5

Lieber Thomas!

Vielen Dank für Deine Hilfe mit Happi. Es ist sehr nett von Dir diese Woche auf ihn aufzupassen.

Hier sind einige Tips für Dich. Er ist sehr faul und schläft sehr gern, aber er muß jeden Tag spazieren gehen. Er geht am liebsten zum Park und spielt mit einem Ball. Er frißt sehr gern Fleisch aber er darf nicht zuviel fressen, sonst wird er zu dick. Er darf allerdings keine Knochen fressen — sie bleiben manchmal in seinem Hals stecken. Er trinkt ab und zu Wasser, aber sein Lieblingsgetränk ist heiße Schokolade. Er darf nicht auf dem Bett schlafen. Er muß nachts in seinem Korb bleiben.

Die Telefonnummer von unserem Hotel liegt beim Telefon.

Viel Glück!

Deine Martina

dürfen

	dürfen
ich	darf
du	darfst
er/sie/es	darf
wir	dürfen
ihr	dürft
sie	dürfen
Sie	dürfen

Miniprojekt

- Du fährst auf Urlaub. Dein Freund/deine Freundin paßt auf dein Haustier auf. Welches Tier ist das? Liste ein paar Tips. Was frißt/trinkt es? Was darf es machen? Was darf es nicht machen?

41

Tiere haben auch Rechte

1 Hör gut zu und lies mit.
Was paßt zusammen?
Wie hilfst du Tieren?

AB 6A

A: Ich esse kein Fleisch!
B: Ich kaufe nichts aus Leder.
C: Ich demonstriere gegen den Verkauf von Pelzen.
D: Ich kaufe nur dieses Make-up.
E: Ich gehe nicht in den Zirkus.
F: Ich besuche keinen Zoo.
G: Ich bin Mitglied einer Umweltorganisation.

1. GREENPEACE – RETTET DIE WALE
2. Möchten Sie wirklich in der Haut eines Pelztiers stecken?
3. DIE UNTERNEHMENSPOLITIK VON THE BODY SHOP GEGEN TIERVERSUCHE
4. (Leder-Koffer, durchgestrichen)
5. ZOO KÖLN
6. CIRCUS KAISER WEIMAR
7. (Schinken, durchgestrichen)

2 Im Restaurant.
Was ißt du hier gern? Und was ißt du nicht gern?

AB 6B

Speisekarte

Vorspeisen
Zwiebelsuppe mit Brot
Schinken, Bauernbrot und Butter
Hühnersuppe mit Reis
Frischer Fischsalat

Hauptgerichte
Schweinebraten mit Kartoffeln und Salat
Jägerwurst mit Champignons und Pommes frites
Bratwurst, Kartoffelsalat oder Pommes frites
Rumpsteak mit Röstkartoffeln und Essiggemüse
Großer Salatteller mit Käse-Streifen und einem gekochten Ei
Wiener Schnitzel mit Pommes frites und Salat
Forelle mit Champignons und Pommes frites
Rinderfilet mit Champignons und Pommes frites
Frische Fischfilets mit Bohnen und Kroketten
Frisches Hähnchen mit Tomaten und Pommes frites

Nachspeisen
Frischer Obstsalat mit Sahne
Gemischter Eisbecher
Schwarzwälder Kirschtorte

TIERE PROJEKT
3

3 Gruppenarbeit. Übt diesen Dialog zusammen.
Was empfiehlt der Kellner?

Matthias:	Herr Ober! Die Speisekarte, bitte!
Kellner:	Bitte schön.
Matthias:	Danke schön.

Fünf Minuten später ...

Kellner:	Was nehmen Sie?
Matthias:	Ich nehme das Wiener Schnitzel mit Pommes frites und Salat.
Kellner:	Und als Vorspeise?
Matthias:	Die Hühnersuppe mit Reis.
Kellner:	Und für die junge Dame?
Katja:	Ich weiß nicht. Ich bin Vegetarierin. Was empfehlen Sie?
Kellner:	...

4 Hör gut zu und lies mit.
Warum essen sie kein Fleisch?

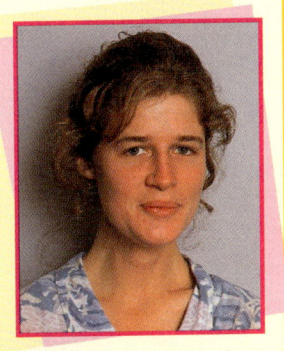

Ich bin Vegetarierin, weil ich Tiere liebe und sie einfach nicht essen kann. Man kann auch ohne Fleisch leben. Warum sollen dann Tiere für uns sterben? Fleisch ist ein Luxusgut!

Ich bin seit drei Jahren Vegetarier. Eine Freundin von mir ißt kein Fleisch, und ich gehe oft mit ihr essen. Es gibt auch ein sehr schönes vegetarisches Restaurant in unserer Stadt, das sehr beliebt ist – besonders bei jungen Leuten.

Ich finde vegetarisches Essen viel gesünder als Essen mit Fleisch. Ich esse allerdings sehr gern Gemüse und Obst, und ich habe viele schöne Rezepte für vegetarische Gerichte.

Ich esse Fleisch ziemlich gern, besonders Wurst und Hähnchen, aber ich esse es nur selten – praktisch nie, weil ich Student bin und nicht so viel Geld für Lebensmittel habe. Ein kleines Stück Fleisch kann unheimlich teuer sein.

Ich kaufe nie Fleisch selber und esse nie Fleischgerichte im Restaurant. Wenn ich in der Stadt bei der Fleischerei vorbeigehen muß, fühle ich mich wirklich unwohl. Ein Geschäft voller toter Tiere. Ekelhaft!

AB 6C

5 Gruppenarbeit. Macht eine Umfrage:
Wer ißt nur vegetarisch in deiner Klasse?
Wer ißt gern Fleisch? Warum?

Tatsachen über Tiere

Spiel 1: Ein Spiel für zwei bis vier Personen. Wer zuerst ans Ziel kommt, gewinnt. Ihr braucht einen Würfel.

Spielregeln:

1. Für den Start eine 1, 2 oder 3 würfeln.
2. Wenn du auf das Feld kommst, das Tier auf deutsch nennen.
3. Falsche Antwort – auf dem Feld bleiben.

   Richtige Antwort – noch einmal würfeln.

Fragen und Antworten:

Beispiele:

Was ist das?

Ein Hase. — Ein Kaninchen.

Nein. Auf dem Feld bleiben. — Ja. Noch einmal würfeln.

START

1 · 8 · 7 · 9 · 10 · 11 · 19 · 18 · 17 · 20 · 21 · 22 · 33 · 32 · 31 · 30 · 29 · 34 · 35 · 36 · 37 · 38

18: Noch einmal würfeln!

31: Geh ein Feld zurück!

35: Noch einmal würfeln!

44

TIERE | PROJEKT 3

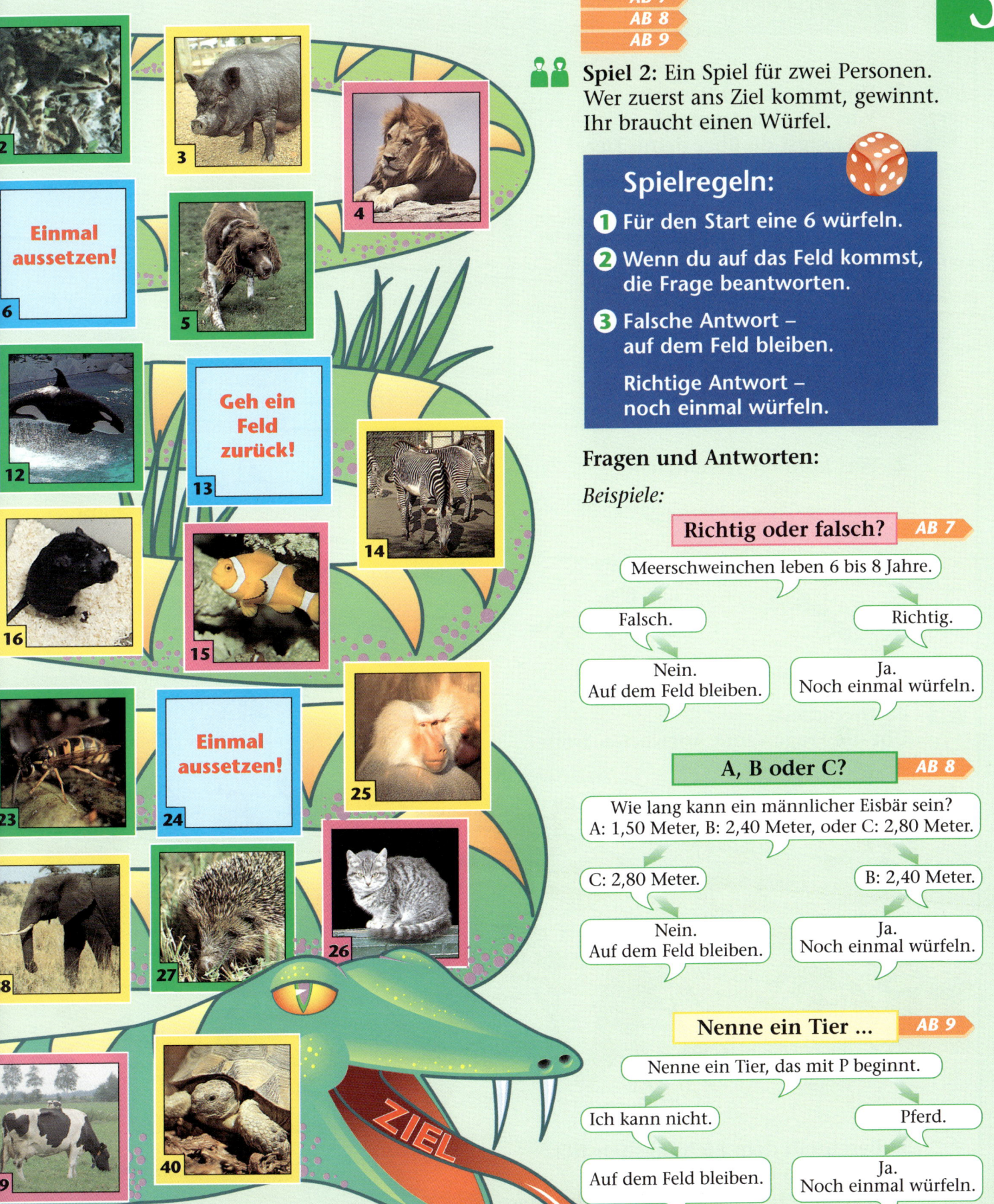

AB 7
AB 8
AB 9

Spiel 2: Ein Spiel für zwei Personen. Wer zuerst ans Ziel kommt, gewinnt. Ihr braucht einen Würfel.

Spielregeln:
1. Für den Start eine 6 würfeln.
2. Wenn du auf das Feld kommst, die Frage beantworten.
3. Falsche Antwort – auf dem Feld bleiben.

   Richtige Antwort – noch einmal würfeln.

Einmal aussetzen!

Geh ein Feld zurück!

Einmal aussetzen!

ZIEL

Fragen und Antworten:

Beispiele:

Richtig oder falsch? AB 7

Meerschweinchen leben 6 bis 8 Jahre.

Falsch. → Nein. Auf dem Feld bleiben.

Richtig. → Ja. Noch einmal würfeln.

A, B oder C? AB 8

Wie lang kann ein männlicher Eisbär sein?
A: 1,50 Meter, B: 2,40 Meter, oder C: 2,80 Meter.

C: 2,80 Meter. → Nein. Auf dem Feld bleiben.

B: 2,40 Meter. → Ja. Noch einmal würfeln.

Nenne ein Tier ... AB 9

Nenne ein Tier, das mit P beginnt.

Ich kann nicht. → Auf dem Feld bleiben.

Pferd. → Ja. Noch einmal würfeln.

45

Projektideen

1 Hör gut zu und lies mit.
Was paßt zusammen?
Was sagst du über deine Tiere?

A "Unsere Katze heißt Jupp wie mein Vater. Ich mag Katzen am liebsten. Sie machen nicht so viel Arbeit wie andere Tiere. Jupp hat manchmal lebende Mäuse mit nach Hause gebracht. Die mußten wir dann einfangen. Aber das passiert jetzt nicht mehr so oft. Besonders toll ist, wenn Jupp und ich abends beim Fernsehen schmusen."

B "Meine Mutter hat unsere Schildkröte vor zwei Jahren gefunden. Sie war irgendwo weggelaufen. Jetzt wohnt 'Schildi' in einem kleinen Häuschen auf unserem Balkon. Dort läuft sie den ganzen Tag herum. Wenn es kalt wird, kommt Schildi auch in die Wohnung. Um Punkt fünf Uhr geht sie jeden Tag in ihr Haus schlafen. Man kann mit ihr natürlich nicht spielen. Darum hätte ich gern noch einen Hund."

C "Ich habe leider kein eigenes Pferd. Aber ich gehe einmal in der Woche zum Reiterhof. Dort bekomme ich Reitunterricht. Wir reiten durchs Gelände und springen über Barrieren. Natürlich versorge ich die Pferde auch".

D "Ich habe Ringo schon sieben Jahre. Damals durfte ich ihn mir bei Verwandten aussuchen, die Kanarienvögel züchten. Wenn wir in Urlaub fahren, geben wir ihn in Pflege. Ich vermisse ihn schon am ersten Tag. Ringo merkt es, wenn wir ihn alleinlassen. Er piepst dann ganz nervös. Ich möchte später auch ein Haustier haben, vielleicht einen Wellensittich oder einen anderen Vogel!"

E "Ich habe mein Kaninchen Cäsar von meinem Freund Tobias zum Geburtstag bekommen. Meine Eltern waren damit einverstanden. Weil Cäsar viel Dreck macht, wohnt er in einem alten Küchenschrank im Garten. Ich mache sein Häuschen sauber. Das macht mir nichts aus. Manche Leute schlachten ihre Kaninchen und essen sie dann. Das könnte ich niemals. Ich hätte gerne ganz viele Tiere. Später möchte ich Tierärztin werden."

F "Meine Eltern haben mir Bo vor drei Jahren geschenkt. Ich habe ihnen damals versprochen, daß ich den Hund versorge. Das mache ich auch gern. Ich gehe jeden Tag fünf- bis sechsmal mit ihm spazieren. Das erste Mal schon vor der Schule. Bo gehört zur Familie. Ich kann mir nicht vorstellen, daß er irgendwann nicht mehr bei uns ist".

AB 10A
AB 10B

2 Was können Tiere machen?

Was kann ein Hund machen?  … und eine Katze?
… und ein Wellensittich?  … und ein Pferd?  … und eine Maus? 

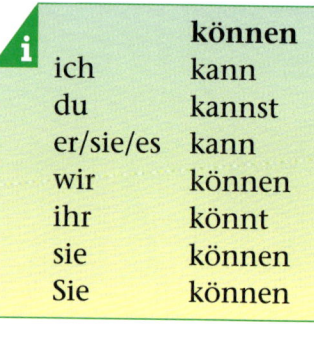

	können
ich	kann
du	kannst
er/sie/es	kann
wir	können
ihr	könnt
sie	können
Sie	können

Er	kann	beißen.
Sie		springen.
Es		laufen.

AB 10C

Partnerarbeit.
Übt die Fragen und Antworten weiter.

bellen · mit dem Schwanz wedeln · Drogen aufspüren · kratzen · Mäuse fangen · schleichen · bewachen · einen Blinden führen · sprechen · mit einem Ball spielen · austreten · piepsen · fliegen · galoppieren · nagen

3 Beschreib dein Lieblingshaustier.
Was kann das Tier machen?
Zeichne einen Steckbrief für das Tier.

TIERE | PROJEKT 3

1 Heide, 14
2 Alessandra, 12
3 Tanja, 14
5 Alice, 14
4 Nadine, 12
6 Christoph, 12

4 Partnerarbeit. Ihr habt ein Haustier verloren. Was fragt ihr? Und wie antwortet ihr? Spielt die Szene vor.

– Hast du ... ... gesehen?
– Wie heißt er/sie/es und wie alt ist er/sie/es?
– ...
– Wie sieht er/sie/es aus?
– ...
– Und wo hast du ihn/sie/es gesehen?

5 Hör gut zu. Zum Üben. Hier ist ein Zungenbrecher.

Esel essen Nesseln nicht.
Nesseln essen Esel nicht.

Erfinde andere Zungenbrecher!

Mach jetzt eine Wortliste für dieses Projekt.

47

PROJEKT 4

Hilfe

Erste Hilfe- und Pannenausrüstung für Kfz:
Notfall-Helfer, auf die Sie sich verlassen können.

①

A — GRATIS · Ich ♥ das Leben · **Ersthelfer retten Leben** · Johanniter-Unfall-Hilfe e.V. · Kreisverband Stuttgart · Trochtelfinger Straße 6 · 7000 Stuttgart 80

B — ② Warndreieck 14,50

C — **Alles klar?** Für unreine Haut gibt es eine klare Empfehlung: CLEARFACE, Manhattan. Denn es wirkt dreifach:
1. mit dem antibakteriellen Wirkstoff Farnesol Plus,
2. dem speziellen pH-Wert für Problemhaut,
3. den natürlichen Pflegewirkstoffen.

CLEARFACE hat alles, was die Haut zur Klarheit braucht: antiseptische Waschlotion, Gesichtswasser, Pickeltupfer, Rubbelmaske, Gesichtscreme, Cover Stick, Make up und Compact Powder.

Wenn das nicht hilft, geh' mal zum Arzt.

Proben und Broschüren anfordern bei: Lady Manhattan Cosmetics GmbH, Postfach 1125, 7320 Göppingen.

⑥ Erste-Hilfe Tasche 14,90

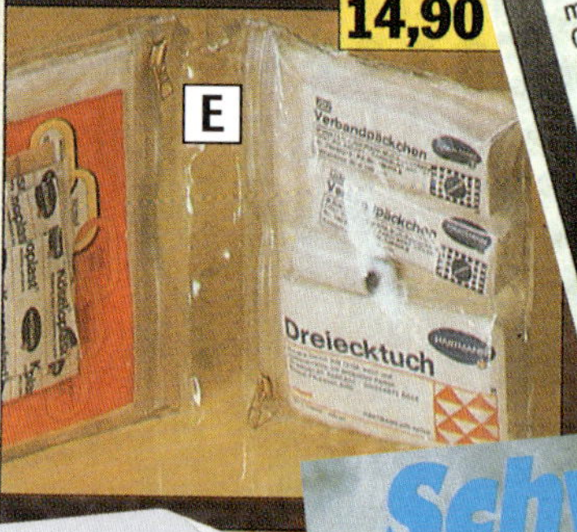

D — ...terricht · Preiswerte Nachhilfe u. Hausaufgabenbetreuung durch Fachkräfte · **Schülerhilfe** · Beratung u. Anmeld. Mo-Fr 15-17.30 Uhr · Fellbach 07 11/5 06 90 20

Zeugnissorgen? Wir helfen!
* Minigruppen für jedes Fach und Einzeltraining
* von der Grundschule bis zum Abitur
* Spezialprogramm Mathe
* Probeunterricht möglich
* bundesweit seit 1974, hohe Erfolgsquoten

STUDIENKREIS = Nachhilfe
Fellbach, Bahnhofstraße 57
Tel. 07 11/ 57 44 42
Bürozeiten: Mo-Fr 14 - 17 Uhr

E — Dreiecktuch

F — **Wichtige Rufnummern**

Polizei	110
Feuerwehr	112
Ärztlicher Notdienst JUH	
Behinderten Fahrdienst	0711/ 82 50 51
Besuch und Betreuung	0711/ 7 28 09 51
Essen auf Rädern	0711/ 7 28 09 51
Hausarzt	0711/ 7 28 09 51

G — **Gefunden** · Geldbeutel. Am Di. den 14. April um 17:45 in der Bahnhofstraße. Telefon: 28 63 29

H — **Schwimmen und Retten mit der Wasserwacht** · Aus Spaß am Sport. Und aus Freude am Helfen! · BRK WASSERWACHT · Neu Schnorchelabzeichen

Unfall auf der B 16: Straße eine Stunde gesperrt
Biessenhofen (az).

Zwei Motorradfahrer schwer verletzt

I — **Blickpunkt** · **Unfall auf B 19 fordert zwei Tote und drei Verletzte** · Waltenhofen (raf). Zwei Tote und drei Schwerverletzte forderte gestern ein Unfall auf der B19 bei Waltenhofen...

Auto prallt gegen Bus: Frau und vier Kinder verletzt · Waltenhofen (jg). Auf schneeglatter Fahr...

48

PROJEKT 4

A POLIZEIWACHE / POLIZEI

B Notausgang

C HILFE
Mo–Do 8:30–12:00 und 14:30–18:00 Uhr
Fr 8:30–12:00 Uhr
Telefon 721 2307
Dr. med. Uwe Klemm
prakt. Arzt
Tel. 721 55 47
Mo–Fr 8:30–12 Uhr
Mo+Do 16–19 Uhr · Di+Fr 16–18 Uhr

D Dr. med. dent.
Joachim Oberheiden
Zahnarzt
Mo – Fr 9 – 12 Uhr
Mo, Di, Do, Fr 15 – 17 Uhr
und nach Vereinbarung

E LÖWEN-APOTHEKE

F 011 Rettungsring
Mißbrauch strafbar!

G RETTUNGSWAGEN
W 6520

H Wasserwacht

I BUNDESBAHN FUNDBÜRO
Nächste Versteigerung
Mittwoch 2. Nov.
Donnerstag 3. Nov.
4. Nov.

J Krankenhaus Bethesda

K BAHNHOFS MISSION

L FEUERWEHR

🔊 **❶** Hör gut zu. Diese Leute brauchen Hilfe. Welches Bild paßt?

AB 1

📖 **❷** Ihr braucht Hilfe! Wie heißen die Schilder auf englisch?

Wo tut es weh?

1 Hör gut zu. Wer spricht?

Beispiel: 1 = E

w	der Arm
	der Finger
	der Fuß
	der Hals
	der Kopf
	der Magen
	die Hand
	das Auge
	das Bein
	das Knie

2 Partnerarbeit.
Wo tut es weh? Was sagen sie?

Beispiel:

E — Mein Finger tut weh.

AB 2

i	Mein	Kopf	tut	weh.
	Meine	Hand		
	Mein	Knie		
	Meine	Augen	tun	

3 Hör gut zu und lies mit.
In der Apotheke. Wer sagt was?

A
– Guten Morgen. Kann ich Ihnen helfen?
– Ja. Ich habe Kopfschmerzen. Haben Sie etwas dagegen, bitte?
– Nehmen Sie diese Tabletten mit Wasser.
– Danke schön. Was kostet das?
– Fünf Mark fünfundneunzig, bitte.

B
– Grüß Gott. Wie kann ich Ihnen behilflich sein?
– Ich habe Fieber – 40 Grad. Haben Sie etwas dagegen, bitte?
– Ja, natürlich. Nehmen Sie dieses Medikament dreimal täglich vor dem Essen.
– Danke. Was kostet das, bitte?
– Zehn Mark vierzig, bitte.

C
– Guten Tag. Wie kann ich Ihnen helfen?
– Wissen Sie, mein Arm tut wahnsinnig weh.
– Oh, es tut mir leid. Tragen Sie diese Salbe.
– Danke. Was kostet sie, bitte?
– Acht Mark.

HILFE PROJEKT 4

4 Partnerarbeit. Macht Dialoge.

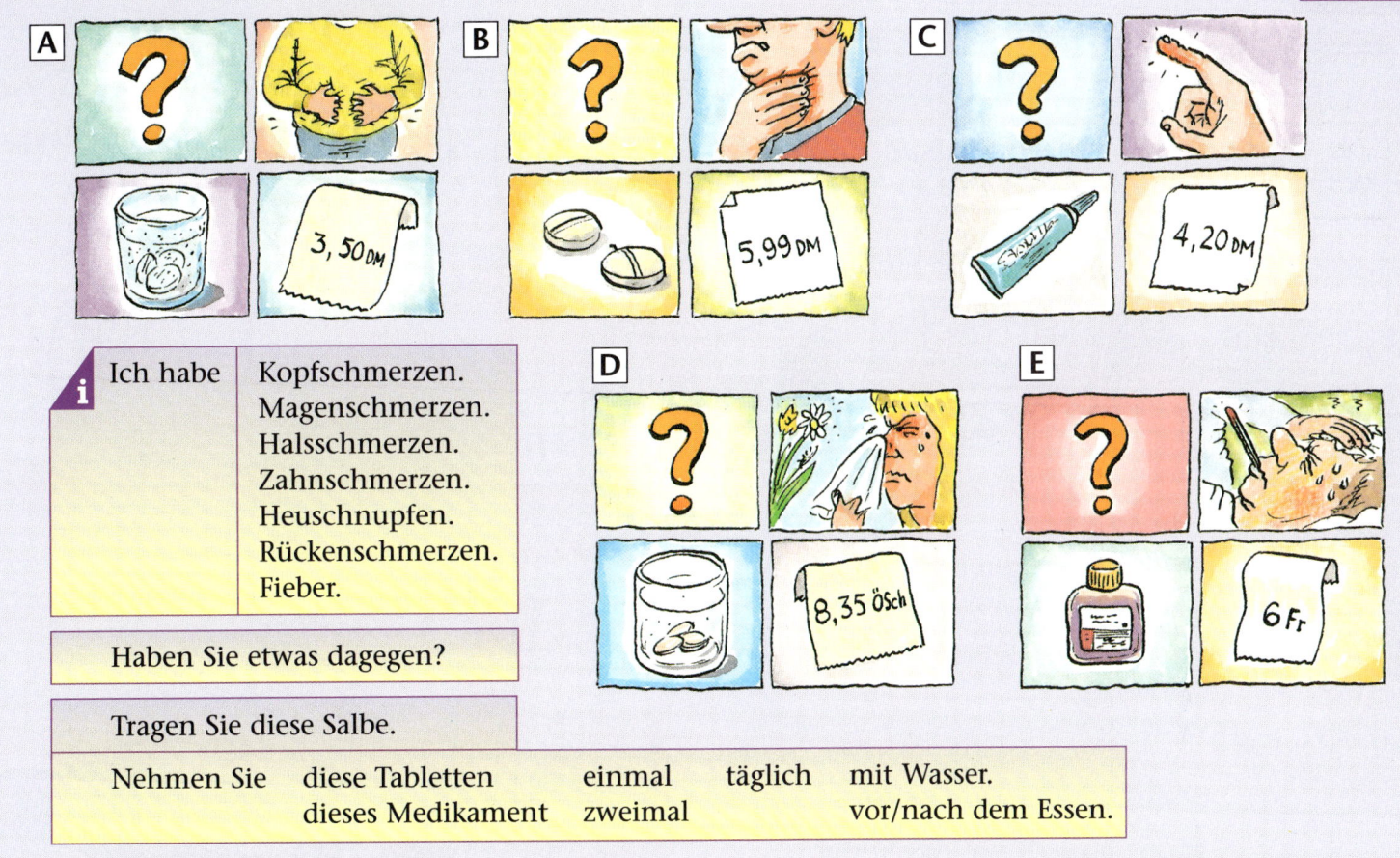

A B C

i	Ich habe	Kopfschmerzen.
		Magenschmerzen.
		Halsschmerzen.
		Zahnschmerzen.
		Heuschnupfen.
		Rückenschmerzen.
		Fieber.

D E

Haben Sie etwas dagegen?

Tragen Sie diese Salbe.

| Nehmen Sie | diese Tabletten | einmal | täglich | mit Wasser. |
| | dieses Medikament | zweimal | | vor/nach dem Essen. |

Erfindet andere Dialoge!

5 Zum Lernen: zwei Witze!

Ein Skelett kommt zum Arzt. Sagt der Doktor: „Sie sind aber spät dran." Da sagt das Skelett: „Ich habe so lange warten müssen."

Fernsehen ... ist fabelhaft. Man bekommt nicht nur Kopfschmerzen davon, sondern man lernt auch noch von der Werbung, welche Tabletten dagegen helfen!!

51

Was ist mit dir los?

1 Hör gut zu und lies mit.
Was ist mit Peter los?

Der arme Peter! Er darf heute auf keinen Fall in die Schule!

Sein Gesicht ist blaß.

Seine Augen sind rot.

Seine Zunge ist gelb.

2 Gruppenarbeit. Spielt die Szene vor.
Was ist mit Petra los?

Beispiel: Die arme Petra! Ihr Gesicht ist …

Mein/Sein/Ihr	Mund	ist …
Meine/Seine/Ihre	Zunge	
Mein/Sein/Ihr	Gesicht	
Meine/Seine/Ihre	Augen sind …	

AB 3

3 Hör gut zu und lies mit.
Was ist mit Karin los?

Karin: Oh nein. Ich habe meinen Geldbeutel verloren! Ich habe so viele Probleme!

Katja: Quatsch!

Karin: Meine Kleidung ist so altmodisch! Mein Rock ist zu eng und meine Jacke ist zu alt. Mein Haar ist zu glatt und zu dunkel. Meine Augen sind zu klein und – ich habe einen Pickel!
… Und gestern in der Schule habe ich eine Vier in Englisch bekommen. Meine Eltern erlauben mir bestimmt nicht mehr auszugehen. Sie sind so streng! Und ich darf kein Mofa haben. Es ist alles so unfair …!
… Oh, nun habe ich auch noch Kopfschmerzen …

Katja: Aber Freunde hast du gleich nicht mehr …!

HILFE PROJEKT 4

Er hat Kopfschmerzen.

Er fühlt sich sehr schwach...

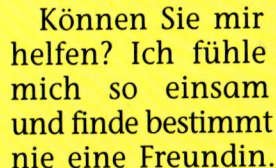

... und hat auch Fieber.

Ach so! Schon wieder eine Klassenarbeit in Mathe?!!

5 6 7 8

W
der Mund
der Zahn
die Zunge
das Auge
das Gesicht
das Haar
das Ohr

W 4 Zum Lesen. Was ist mit Bernd los? Warum schreibt er an Tante Emilie?

Liebe Tante Emilia!

Können Sie mir helfen? Ich fühle mich so einsam und finde bestimmt nie eine Freundin.

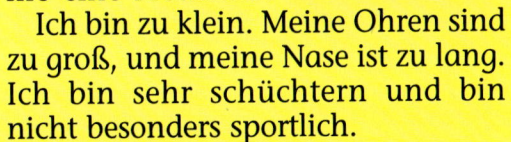

Ich bin zu klein. Meine Ohren sind zu groß, und meine Nase ist zu lang. Ich bin sehr schüchtern und bin nicht besonders sportlich.

Bitte helfen Sie mir.
✍ Bernd

5 Partnerarbeit. Was sagen sie?

A B C
D E F

Miniprojekt

- Zeichne ein Bild oder finde ein Foto von jemandem aus einer Zeitschrift. Schreib deinen eigenen imaginären Brief an Tante Emilie. Welche Probleme hat er/sie?

53

Der Unfall

1 Zum Lesen. Hier ist ein Foto-Roman.

Laura und Sylvia kommen aus dem Bahnhof. Sie treffen die Boys Richard und Daniel. Sie wollen einen Ausflug machen. Beide Mädchen haben Richard sehr gern!

1 Da sind sie ja! / Hi!

2 Hallo, Richard schön dich zu sehen ...

Laura wirft einen neidvollen Blick auf die Freundin ...

3 Es ist doch so, wie ich dachte!

4 OK, halt dich gut fest Sylvia! / Keine Sorge, jetzt leg mal los Junge!

5 Richard, fahr nicht so schnell, sonst ist meine Frisur hin! / Wie Sie wünschen, Mylady!

Durch ihre Bewegung kommt Richard in einer Linkskurve aus dem Gleichgewicht ...

6 Mist – wir rutschen / Oh!

7 Du bist wohl zu dumm zum Roller-fahren.

Laura hat bemerkt, daß Richard und Sylvia fehlen. Sie kommt mit Daniel zurückgefahren. Sie will helfen.

8 Richard, ist dir was passiert? Wo tut es weh? / So, jetzt geht's schon besser, oder?

9 ... während Sylvia stinksauer abzieht. / Tschüs – ich hab die Schnauze voll!

10 Laura kümmert sich sofort um Richard ... / Du blutest ja ... / Aua – mein Arm!

11 Laura nimmt Richard den Helm ab ... / Warum macht sie das alles?

HILFE PROJEKT **4**

2 Was passiert jetzt?

Gruppenarbeit. Spielt die Szene vor. Was fragt der Polizist weiter?

Beispiele:

- Wer hat gemeldet?
- Wie heißt du?
- Was ist hier los?
- Wieviel Verletzte?
- Wo tut es weh?
- Wo ist es passiert?
- Wie schnell seid ihr gefahren?
- Wer war auch dabei?

AB 4
AB 5

Fortsetzung: Laura läßt Richard auf der Straße liegen. Sie geht zum Telefon und macht einen Notruf. Ein Polizist kommt ...

12

3 Zum Lesen. Mach Notizen. Was sollen Motorradfahrer tragen?

Rat an Motorradfahrer

Wenn man Motorrad fährt, soll man eine gute Lederjacke oder eine Windjacke tragen. Man soll auch eine Lederhose tragen. Die Hose soll nicht zu eng sein. Wenn möglich soll man auch feste Schuhe anhaben*.
Wichtig sind auch warme Handschuhe. Und natürlich soll man nie ohne Helm fahren. Wer mitfährt, soll auch die richtige Kleidung anhaben und einen Helm aufsetzen.

* anhaben = tragen

4 Schau das Bild an. Was ist los?

Beispiel:

Er trägt Trainingsschuhe.
Er soll feste Schuhe tragen.

	sollen
ich	soll
du	sollst
er/sie/es	soll
wir	sollen
ihr	sollt
sie	sollen
Sie	sollen

Er/Sie Man	soll	feste Schuhe warme Handschuhe	tragen.
Motorradfahrer	sollen		

AB 6

Miniprojekte

- Mach einen Foto-Roman von einem Unfall.
- Beschreib die richtige Kleidung für Skifahrer. Rat an Skifahrer: Was soll man tragen?

55

Schulprobleme: Was tun?

1 Hier sind einige Ausreden.
Welche Ausrede ist die beste?

B: Ich habe mich im Nebel verlaufen!

Oh weh! Ich komme schon wieder zu spät, was soll ich denn sagen?

A: Mein Kakao war zu heiß, und ich wollte mir nicht den Mund verbrennen!

C: Unser Chauffeur ist krank. Ich bin zu Fuß gekommen.

2 Partnerarbeit.
Erfindet andere Ausreden zusammen!

A B C D E

Beispiel:

A: Meine Katze ist krank, und ich bin zum Tierarzt gegangen. Hier ist ein Brief.

Ich habe	Kopfschmerzen,	und ich bin	zum Arzt	gegangen.
	Magenschmerzen,		zum Zahnarzt	
	Halsschmerzen,		zum Tierarzt	
	Zahnschmerzen,		zur Apotheke	

Mein Bruder	ist krank.	Hier	ist	das Rezept.
Meine Katze				ein Brief.
			sind	die Tabletten.

HILFE — PROJEKT 4

3 Hör gut zu. Beim Fundbüro.

> Entschuldigen Sie, bitte. Ich habe mein Lineal verloren.
>
> Kannst du es beschreiben?
>
> Ja. Es ist weiß und aus Plastik.

Ich habe	meinen Rechner	verloren.
	meine Schultasche	
	mein Lineal	

Kannst du	ihn	beschreiben?
	sie	
	es	

Er	ist	weiß	und aus	Baumwolle.
Sie		schwarz		Holz.
Es				Leder.
				Plastik.
				Stoff.

4 Hör gut zu. Was haben sie verloren?

Partnerarbeit. Übt die Dialoge zusammen.

A B C D E F

5 Zum Lesen: Problemseite. Was müssen sie machen?

1 Wir sind zwei Freundinnen, und wir haben ein großes Problem. Die Lehrer halten uns für schlechte Schülerinnen, nur weil wir ab und zu in einer Stunde plaudern. Wir finden es ziemlich unfair.

2 Meine Freundin ist immer fleißig aber hat viele Schwierigkeiten in Mathe. Sie macht sich viele Sorgen darüber. Was kann ich machen?

3 Mein Sohn spielt seit vier Jahren Fußball und ist ganz begeistert davon. Aber da er etwas dick ist, darf er nie in der Schulmannschaft spielen. Wie kann ich ihm helfen?

4 Hilfe! Ich bin hier neu und fühle mich so allein an dieser neuen Schule. Wie lerne ich neue Freunde kennen?

	müssen
ich	muß
du	mußt
er/sie/es	muß
wir	müssen
ihr	müßt
sie	müssen
Sie	müssen

... gesünder essen – viel Gemüse und Obst und keine Puddings.
... versuchen, mehr mit anderen Schülern zu sprechen.
... Sport treiben oder zum Jugendklub gehen.
... fleißiger arbeiten.
... in den Stunden ruhiger bleiben.
... mit den Matheübungen helfen oder Nachhilfe suchen.

AB 7

57

Projektideen

1 Hier ist ein Spiel für zwei bis vier Personen. Ihr braucht einen Würfel und eine Spielmarke pro Person.

Spielregeln:

① Wenn man auf das Feld kommt, die Frage beantworten.

② Richtige Antwort – auf dem Feld bleiben. Falsche Antwort – zurück zum Start.

③ Wenn man auf dem roten Feld landet, muß man fragen: *Wo ist … ?* und dahin gehen.

④ Wer zuerst ans Ziel kommt, braucht keine Hilfe mehr, und gewinnt.

Was sagst du?

- 🟧 Wo ist … ?
- 🟦 Was ist mit dir los?
- 🟨 Was hast du verloren?
- 🟩 Wo tut es weh?

die Apotheke

eine Sechs würfeln, bevor du weiterspielst.

ZIEL   START

58

HILFE **PROJEKT 4**

W **2 Zum Basteln. Ein Stimmungsbarometer.**

1 Zeichne zwei Scheiben und schneide sie aus.

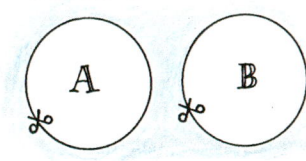

A   B

2 Auf Scheibe A zeichne ein Gesicht und schneide ein Loch für den Mund aus.

Scheibe A →

3 Auf Scheibe B schreib diese oder deine eigenen Sprüche:

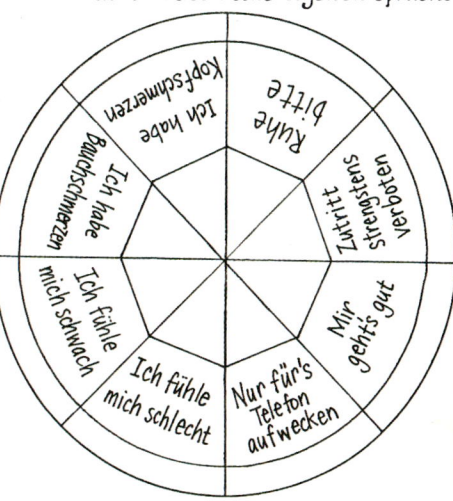

- Ich habe Kopfschmerzen
- Ruhe bitte
- Zutritt strengstens verboten
- Mir geht's gut
- Nur für's Telefon aufwecken
- Ich fühle mich schlecht
- Ich fühle mich schwach
- Ich habe Bauchschmerzen

4 Klemm beide Scheiben mit einer Musterbeutelklammer zusammen.

5 Kleb dein Stimmungsbarometer an deiner Schlafzimmertür.

So jetzt weiß jeder, wie du dich heute fühlst!

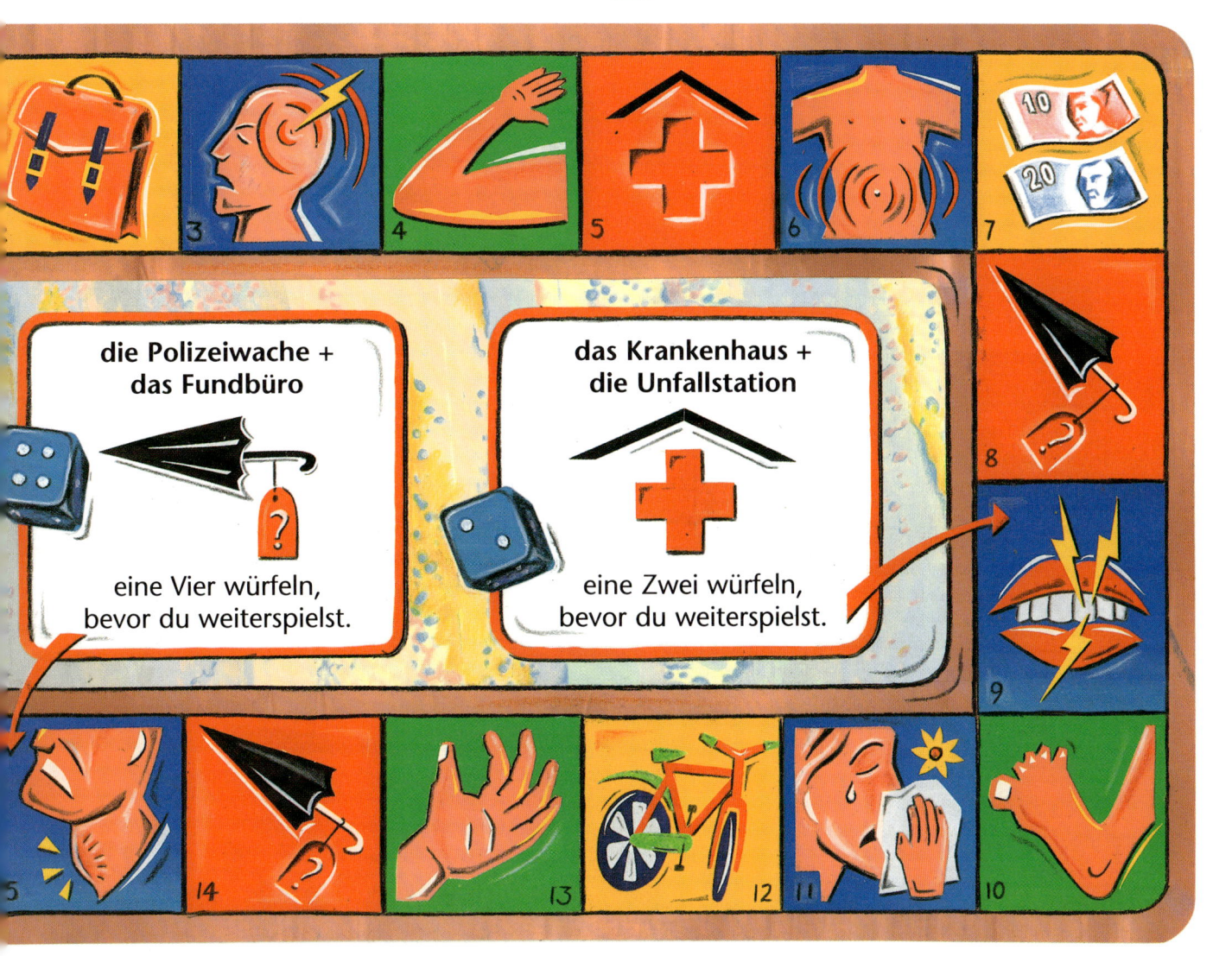

---

die Polizeiwache + das Fundbüro

eine Vier würfeln, bevor du weiterspielst.

das Krankenhaus + die Unfallstation

eine Zwei würfeln, bevor du weiterspielst.

Mach jetzt eine Wortliste für dieses Projekt.

59

PROJEKT 5

Zukunftspläne

A VERBOT
Gummibären
Schokolade
Kekse Kuchen Cola
Pommes Nudeln
Hamburger

B WILD CHILD
KOMMST DU ZU MEINER PARTY, NICOLA? JEDE MENGE JUNGS, BOWLE UND DIRTY DANCING! UND VIEL GEILE LAUTE MUSIK!
TOLL? WANN?
KEINE AHNUNG! KOMMT DRAUF AN, WANN MEINE ELTERN AUSGEHEN!

C CAMPINGPLATZ „Lahrer Herrlichkeit"
BAUMELER Aktivferien

D Urlaubsplaner
Viel Spaß im Urlaub
Sommerzeit
Ferientermine
Reise-Apotheke
Urlaubs-Check-Liste
Deutsche Vertretungen im Ausland
Telefonieren in die Bundesrepublik
STADT APOTHEKE

Vorwärts in die Zukunft

Es ist Sonntag. Da bin ich heute ...

und da bin ich morgen am Montag ...

und übermorgen am Dienstag ...

und nächsten Donnerstag ...

und nächstes Wochenende ...

und nächste Woche ...

60

ZUKUNFTSPLÄNE PROJEKT 5

Mit Umweltschutz die Zukunft sichern.

E

Super Chance für alle, die's mit Umweltschutz schnell zu was bringen wollen.

Klarer Fall, nach der Schule soll's schnell voran gehen:
- mit der Ausbildung
- mit dem selbständigen Arbeiten
- mit dem Geldverdienen.

Also, nichts wie rein in die Fachhandwerke Sanitär, Heizung, Klima. Und die

Zukunft sichern als Experte für High-Tech und Umweltschutz.

Mit gutem Schulabschluß, handwerklichem Geschick und Spaß an moderner Technik warten die besten Chancen:
- als Sanitär-Installateur
- als Heizungsbauer
- als Klempner
- als Kupferschmied
- als Kachelofenbauer.

Die Aussichten für die Zukunft:
Nach 3 1/2 Jahren Geselle mit gutem Verdienst. Nach fünf Jahren Meister und eigener Herr. Oder Studium und als Spezialist für moderne Technik und Umweltschutz.

Informationen:
Im Meisterbetrieb in der Nähe, Innung für Sanitär- und Heizu... oder bei der Kreishandwerk...

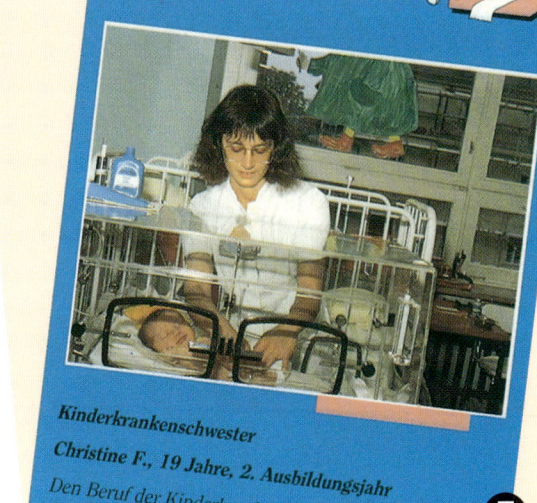

Zukunftsberufe
MIT MODERNER TECHNIK AKTIV FÜR DIE UMWELT.

Mädchen meistern Technik

Kinderkrankenschwester
Christine F., 19 Jahre, 2. Ausbildungsjahr

Den Beruf der Kinderkrankenschwester habe ich gewählt, weil ich gerne mit Säuglingen und Kindern umgehe und an medizinischen und technischen Dingen viel Spaß habe.

Mein Beruf verlangt besonders aufmerksame Beobachtung und große Sorgfalt, weil kleine Kinder häufig nicht sagen können...

F

STAATLICHES LINA-HILGER-GYMNASIUM
BAD KREUZNACH

JAHRES-ZEUGNIS

Thomas Schmidt

geboren am 17. Juli 19 81 in Bad Kreuznach

hat im Schuljahr 19 95/96 die Klasse 10 besucht.

Verhalten:	3	Mitarbeit:	1 = sehr gut
Religionslehre:	3	Mathematik:	2 = gut
Deutsch:	4		3 = befriedigend
			4 = ausreichend
			5 = mangelhaft
			6 = ungenügend

G

Die Welt von morgen ... **H**

Die Erde im Jahr 2500!

...gen Umweltverschmutzung kann man ...r mit Raumanzügen an die Luft ...hen. Spielplätze, Zoos und viele andere ...nge kann man nur in Häusern ...trachten. Sozusagen ist alles technischer - aber besser ist nichts geworden!

🔊 Schau die Bilder an. Hör gut zu. Diese Leute machen Pläne für die Zukunft. Welches Bild paßt?

AB 1

W Sieh die Bilder A bis H an. Mach Notizen auf englisch.

---

und nächsten Monat ...

aber nächsten Sommer ...

und nächsten Winter ...

und nächstes Jahr ...

und wie werde ich im Jahr 2050 aussehen?

Was machen wir am Wochenende?

1 Hör gut zu und lies mit.
Was macht Klaus am Wochenende?

1. Was machen wir am Wochenende? — Ich weiß nicht.
2. Fahren wir nach Dresden? — Ich habe keine Zeit.
3. Spielen wir Fußball? — Ich habe keine Lust und meine Beine tun weh.
4. Was ist mit dir los? ... Gehen wir in die Stadt? — Vielleicht, aber ich habe kein Geld.
5. Leihen wir uns ein Video aus? — Unser Videorecorder ist kaputt.
6. Gehen wir also ins Kino? — Na endlich eine gute Idee!

Partnerarbeit.
Spielt die Szene vor.

AB 2A

2 Gruppenarbeit. Was macht ihr?
Übt Dialoge zu dritt.

A: Was machen wir am Wochenende?

B: 🎥 📼 🏊 🏙 ?

C: 🎥

B: Schau mal. Sehen wir _____?

C: Was für ein Film ist das?

B: _____. Kommst du auch mit?

A: Ja, wann beginnt der Film?

C: ▮ : ▮

A: Also, gut. Gehen wir um ▮ : ▮ ?

Erfindet andere Dialoge.

Leipziger Litfaßsäule

Im Kino

Capitol: Kino 1 11.00, 14.30, 17.15, 20.00, auch 23.00 Die Firma; Kino 2: 11.00 Aladdin 15.00, 17.30, 20.00 auch 22.45 Last Action Hero; Kino 3: 15.30, 18.00, 20.30 Sister Act. **City-Kino:** 18.15, 21.15 Die Farbe Lila. **Cinema am Ring:** 16.30 Die Schöne und das Biest. **Regina-Palast:** Kino 1: Robin Hood - Helden in Strumpfhosen 15.00, 17.30, 20.30 Kino 2: 14.30 Schneewittchen. 17.00, 20.30 Der Schatten des Wolfes. **Schauburg:** 11.00, 12.30, 15.00, 17.30 Die Distel.

i	sehen
ich	sehe
du	siehst
er/sie/es	sieht
wir	sehen
ihr	seht
sie	sehen
Sie	sehen

w
der Abenteuerfilm
der Horrorfilm
der Liebesfilm
der Spielfilm
der Thriller
der Trickfilm
die Komödie
das Film-Musical
das Kino

ZUKUNFTSPLÄNE PROJEKT 5

3 Lies diese Informationen über Filme.
Welche Filme möchtest du sehen? Warum?

AB 2B

A

Hits für kids
KINO VIDEO

1. **Die Schöne und das Biest** (ab 26.11)
   Preisgekrönter Disney-Weihnachts-Musical-Trickfilm

2. **Der Schatten des Wolfes** (ab 12.11)
   Eskimo-Drama mit faszinierenden Eisaufnahmen

3. **Der kleene Punker** (seit 29.10)
   Ulkiger Zeichentrick-Punker berlinert sich durchs Leben

4. **Sister Act** (ab 26.11)
   Frauen-Komödie mit Superstar Whoopi Goldberg

5. **Mehr Geld** (ab 12.11)
   Pfiffige Kreditkarten-Komödie um Geld, Liebe und Rap

6. **Die Distel** (12.11)
   Ein junges Mädchen und ihre Freunde als engagierte Hobby-Detektive

7. **Schneewittchen und das Geheimnis der sieben Zwerge** (ab 5.11)
   Fröhliche Märchen-Verfilmung mit Gudrun Landgrebe

8. **1492 – Eroberung des Paradieses** (seit 15.10)
   Gerard Depardieu ("Green Card") und Sigourney Weaver ("Alien" 1, 2 und 3) entdecken Amerika

9. **Boomerang** (seit 8.10)
   Durchschnittliche Komödie mit Eddie Murphy

10. **Eine Familie zum Knutschen in Manhatten** (ab 5.11)
    Holländische Fortsetzung des Klamauk-Streifens "Eine Familie zum Knutschen"

B
Aladdin
DER GRÖSSTE *Disney-Film* ALLER ZEITEN
"Stell Dir vor, Du hättest drei Wünsche, drei Hoffnungen, drei Träume und alle würden wahr." Disney macht's möglich. Mit der Zeichentrick-Fantasie "Aladdin" hat sich die berühmte Traumfabrik selbst übertroffen.

C
Die Firma
Tom Cruise
MÖRDERISCHES UNTERFANGEN
Ein Traumjob mit Luxuswagen, aber nur auf den ersten Blick. Die Firma zahlt gut, aber sie dient kriminellen Zwecken. Das Anwaltsbüro hilft bei der Geldwäsche der Mafia.

D

Miniprojekte

AB 2C

- Gehst du gern ins Kino?
  1. Wie oft gehst du ins Kino?
  2. Was für Filme siehst du gern?
  3. Wieviel Kinos gibt es bei euch?
  4. Was läuft diese Woche?
  5. Darfst du diese Filme sehen?
  6. Wie heißt dein Lieblingsfilm? Und dein Lieblingsstar?

- Schreib einen Bericht (sieh Übung 3).

- Mach eine Umfrage und finde die Top Ten Filme für deine Klasse. Mach eine Hitparade/einen Filmchart.

Was wirst du in der Zukunft machen?

1 Was paßt zusammen? Was werden sie machen?

1. Ich werde öfter mit dem Hund spazieren gehen.
2. Ich werde mich fit halten.
3. Ich werde meiner Mutter mit der Hausarbeit helfen.
4. Ich werde abnehmen.
5. Ich werde mein Geld sparen.
6. Ich werde an meinen Brieffreund schreiben.
7. Ich werde jeden Tag mein Zimmer aufräumen.
8. Ich werde fleißiger in der Schule sein.

Hör gut zu. Die Antworten sind auf Kassette.

2 Partnerarbeit. Stellt Fragen zusammen.

Was wirst du in zwanzig Minuten machen?
... und heute abend?
... und am Wochenende?
... und in den Ferien?
... und in fünf Jahren?
... und in zehn Jahren?

| Ich werde | am Wochenende | ins Kino | gehen. |
| Wir werden | in 10 Jahren | in Berlin | wohnen. |

	werden
ich	werde
du	wirst
er/sie/es	wird
wir	werden
ihr	werdet
sie	werden
Sie	werden

AB 3A

3 Hör gut zu. Was werden sie in der Zukunft machen?
Welche Fächer werden sie nächstes Jahr wählen und abwählen?
Was werden sie später im Beruf machen?

4 Was paßt hier zusammen?

1. Nächstes Jahr werde ich Deutsch machen, ...
2. Ich werde Geschichte machen, ...
3. Ich muß Werken wählen, ...
4. Nächstes Jahr werde ich Musik machen, ...
5. Erdkunde kann ich nicht leiden, ...
6. Ich werde beide Deutsch und Französisch wählen, ...
7. Ich werde nächstes Jahr Religion machen, ...

A ... weil ich mich sehr für andere Kulturen interessiere.
B ... weil ich es so langweilig finde.
C ... weil ich später Ingenieur werden möchte.
D ... weil ich letztes Jahr einen Austausch dort gemacht habe.
E ... weil ich mich sehr für alte Sachen interessiere.
F ... weil ich ein Instrument spiele und gern komponiere.
G ... weil ich gern Fremdsprachen lerne.

AB 3B

ZUKUNFTSPLÄNE **PROJEKT 5**

5 Wörterbucharbeit. Wie heißen diese Berufe?

der Arzt/die Ärztin
der Tierarzt/die Tierärztin
der Mechaniker/die Mechanikerin
der Polizist/die Polizistin
der Sekretär/die Sekretärin
der Manager/die Managerin
der Büroarbeiter/die Büroarbeiterin
der LKW-Fahrer/die LKW-Fahrerin
der Postbote/die Postbotin
der Feuerwehrmann/die Feuerwehrfrau
der Kaufmann/die Kauffrau
der Krankenpfleger/die Krankenschwester
der Sportlehrer/die Sportlehrerin
der Kindergärtner/die Kindergärtnerin

Miniprojekt

- Was wirst du in der Zukunft machen?
  1 Welche Fächer wirst du nächstes Jahr wählen und abwählen?
  2 Was wirst du später im Beruf machen?

AB 4

65

Was werden wir in den Ferien machen?

Hör gut zu und lies mit.
Dann bildet Gruppen und spielt die Szene vor.

❶ Szene. Die Clique macht Pläne.

1 Plant einen Campingurlaub.
- Wie alt seid ihr jetzt?
- Wo wohnt ihr?
- Wohin fahrt ihr in den Ferien?
- Warum?

AB 5A

❷ Szene. Gerhard schreibt an den Campingplatz.

> Sehr geehrter Herr!
> Wir werden im Sommer an die Nordseeküste fahren und möchten bei Ihnen zelten. Wir sind 4 Personen und möchten einen Platz für zwei Zelte vom 18.7. bis zum 2.8. reservieren. Könnten Sie mir bitte einen Prospekt vom Campingplatz schicken?
>
> Mit freundlichen Grüßen
> Gerhard Fohler

2 Schreibt auch einen Brief.
- Wann werdet ihr fahren?
- Wieviel werdet ihr sein?

❸ Szene. Die Freunde besprechen, was sie mitnehmen.

3 Macht eine Liste.
- Was werdet ihr mitnehmen?

W
der Kocher
der Schlafsack
die Taschenlampe
die Tube Sonnenöl
das Streichholz
das Taschenmesser
das Zelt

ZUKUNFTSPLÄNE PROJEKT 5

❹ Szene. Die Clique plant die Reise.

4 Plant die Reise.
- Wie wollt ihr dort hinfahren?
- Wann werdet ihr dort ankommen?

Einer von Euch telefoniert mit einer Freundin/einem Freund dort.
Was sagt ihr? Wie läuft das Gespräch?

Wir werden um 6 Uhr abends ankommen

❺ Szene. Die Clique kommt auf dem Campingplatz an.

5 Ihr kommt auf dem Campingplatz an.
Was macht ihr heute?

AB 5B

❻ Szene. Abends um das Lagerfeuer.
AB 6

Laurentia

Laurentia, liebe Laurentia mein,
Wann werden wir wieder zusammen sein,
am Montag.

Ach, wenn es doch schon wieder Montag wär,
und ich bei meiner Laurentia wär,
Laurentia wär.

Laurentia, liebe Laurentia mein,
Wann werden wir wieder zusammen sein,
am Dienstag.

Ach, wenn es doch schon wieder Montag, Dienstag wär,
und ich bei meiner Laurentia wär,
Laurentia wär.

Laurentia, liebe Laurentia mein,
Wann werden wir wieder zusammen sein,
am Mittwoch.

Ach, wenn es doch schon wieder Montag, Dienstag, Mittwoch wär,
und ich bei meiner Laurentia wär,
Laurentia wär.

6 Hört gut zu und singt mit!

AB 7

Im Jahre 2500

1 Im Jahre 2500 ...
Möchtest du Astronaut/Astronautin werden?

Mach diesen Astrotest!

1 Was liest du gern?
A Ich lese gern Science-Fiction Comics.
B Ich lese gern Abenteuerromane.
C Ich lese gern romantische Geschichten.

2 Wie findest du Informatik in der Schule?
A Ich kann es gar nicht leiden.
B Ich interessiere mich sehr für Computer.
C Informatik ist sehr nützlich für alle meine Schulfächer.

3 Möchtest du nächstes Jahr Physik machen?
A Leider muß ich es machen.
B Ja, natürlich. Physik ist mein Lieblingsfach.
C Ja ich mache Physik gerne, aber ich lerne lieber Biologie.

4 Dein Fahrrad ist kaputt. Was machst du?
A Ich nehme es zum Fahrradgeschäft.
B Ich repariere es selber.
C Meine Eltern helfen mir, es zu reparieren.

5 Auf Mars spricht man natürlich kein Englisch. Lernst du gern Fremdsprachen?
A Ja. Deutsch macht mir Spaß.
B Überhaupt nicht. Ich komme nie mit der Grammatik zurecht.
C Ja. Ich möchte nächstes Jahr zwei Fremdsprachen wählen.

6 Wie heißt der zweite Astronaut auf dem Mond?
A Buzz Aldrin
B Neil Armstrong
C Yuri Gagarin

7 Wie fit bist du?
A Ich treibe mehr als zweimal die Woche Sport.
B Ich bin ziemlich sportlich.
C Sport treibe ich gar nicht gern.

8 Welcher Planet ist der zweite von der Sonne?
A Venus
B Erde
C Merkur

9 Du bist im Dschungel. Du darfst nur einen Gegenstand mitnehmen. Was nimmst du mit?
A einen Schlafsack
B einen Taschenmesser
C ein Zelt

10 Bist du gern allein?
A Manchmal ja.
B Ich habe Angst, wenn ich allein bin.
C Ich bin immer gern allein.

Punkte

Hast du den Astrotest bestanden?

1	a = 2	b = 3	c = 1
2	a = 1	b = 3	c = 2
3	a = 1	b = 3	c = 2
4	a = 1	b = 3	c = 2
5	a = 2	b = 1	c = 3
6	a = 3	b = 0	c = 0
7	a = 3	b = 2	c = 1
8	a = 3	b = 0	c = 0
9	a = 1	b = 3	c = 2
10	a = 3	b = 2	c = 1

24–30: Möchtest du also Astronaut werden? Du weißt viel über den All, bist ganz fit und magst Naturwissenschaften in der Schule.

18–23: Ein Beruf als Astronaut ist vielleicht möglich für dich. Du mußt noch fleißiger auf dem Sportplatz und in den Deutsch- und Naturwissenschaftenstunden arbeiten.

Weniger als 17: Ein Beruf als Astronaut würde für dich vielleicht nicht das richtige sein! Besser einen Beruf auf der Erde wählen!

ZUKUNFTSPLÄNE PROJEKT 5

2 Hör gut zu. Hat Martin den Astrotest bestanden?

3 Zum Lesen.

Mars, *1*. Kriegsgott der Römer. *2.* Der rote Planet, vierter Planet des Sonnensystems (228 Millionen km von der Sonne), Nachbarplanet der Erde. Mars hat eine Atmosphäre aus Kohlendioxid und die Polkappen sind im Winter mit Wasser oder Trockeneis bedeckt. Kein Leben auf dem Planeten. Mars hat zwei Monde. Ein Marsjahr dauert 686 Tage.

4 Martin fährt nächste Woche zum Mars.
Er beschreibt sein neues Leben auf dem roten Planeten.
Finde das richtige Bild.

A Ich werde meine Familie und Freunde vermissen.
B Ich werde als Raumschiffmechaniker dort arbeiten.
C Ich werde zwei Jahre dort sein.
D Ich werde mit einem Videotelefon meine Familie anrufen.
E Ich werde im Astrosportsaal fit bleiben.
F Ich werde einen Raumanzug tragen.
G Ich werde mit einem Raumschiff zum Mars fahren.
H Ich werde kein Fleisch essen.
I Ich werde meinen Urlaub auf Venus verbringen.
J Ich werde in einer kleinen Marswohnung wohnen.

Projektideen

1 Die Zukunft: Was findest du wichtig?
Was findest du am wichtigsten?
Und was findest du nicht so wichtig?

	finden
ich	finde
du	findest
er/sie/es	findet
wir	finden
ihr	findet
Sie	finden
sie	finden

Arbeit   Ehe   Freunde   Gesundheit   Kinder   Ferien   Geld   ein eigenes Haus

AB 8A

2 Gruppenarbeit. Mach eine Klassenumfrage.
Frag die anderen in der Klasse:

Beispiele:

Welche Fächer wirst du wählen?

Erdkunde!

Welche Fächer wirst du abwählen?

Ich werde Französisch abwählen.

Was wirst du später im Beruf machen?

Ich werde als Kaufmann arbeiten.

Ich weiß noch nicht. Keine Ahnung!

Schreib die Resultate auf.
Du könntest einen Computer benutzen.

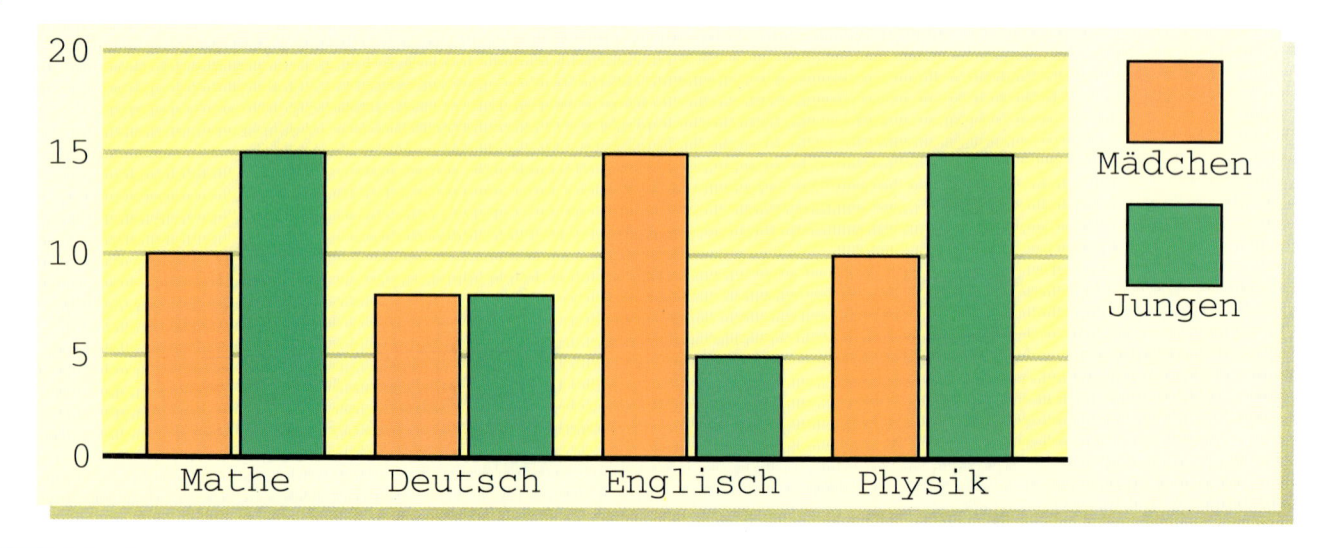

70

ZUKUNFTSPLÄNE PROJEKT 5

3 Zum Lesen: Mein Tagebuch.

31. Dezember

Schon wieder Silvester! Wie die Zeit vergeht! Das alte Jahr ist fast vorbei... Eine gute Zeit also, ein bißchen für das Neujahr zu planen.

Erstens: Meine Figur. Ich esse soooo gern Schokolade - aber ab morgen werde ich nur gesund essen. Viel Obst und Gemüse, und nur etwas Fleisch. Meine Mutter wird morgen Vegetarierin, aber so extrem bin ich nicht. Ich könnte Wurst und Schinken einfach nicht aufgeben. Ich muß auch viel aktiver werden und nicht so viel Zeit beim Fernsehen verschwenden.

Zweitens: Schule. Mein letztes Zeugnis war gar nicht so schlimm, aber ich muß mehr in Naturwissenschaften konzentrieren. Vielleicht werde ich als Tierärztin studieren wollen. Dafür braucht man besonders gute Noten!

Drittens: Leute. Ich muß Tinas nächsten Geburtstag nicht vergessen - wie dieses Jahr. Zu meinem eigenen Geburtstag möchte ich nächstes Jahr eine große Party. Ich werde meine Eltern gleich darum bitten, sodaß ich mit dem Planen beginnen kann. Zu Hause muß ich mehr hilfsbereit sein - und ich werde meinem kleinen Bruder nicht so gemein sein.

✎ Schreib dein eigenes Tagebuch für das Neujahr.
  • Was wirst du anders machen?
  • Was wirst du besser machen?

AB 8B

4 Mach ein Poster zum Thema *Leben auf Mars*.
  • Wie wirst du hinfahren?
  • Wo wirst du wohnen?
  • Was wirst du essen?
  • Wie wirst du fit bleiben?
  • Was wirst du in deiner Freizeit machen?
  • Was wirst du als Beruf machen?
  • Was wirst du tragen?

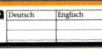

Leben auf Mars

Ich werde mit einem Raumschiff zum Mars fahren.

Ich werde in einem Marsdorf wohnen.

Ich werde einen Raumanzug tragen.

Ich werde Marswanderungen machen.

Ich werde Marsgolf spielen.

Ich werde als Polizist arbeiten.

Mach jetzt eine Wortliste für dieses Projekt.

71

PROJEKT 6

Porträt einer Stadt

Willkommen ins Rheinland!

Unsere 16 Bundesländer

Fast 80 Millionen Menschen leben zwischen Flensburg und Garmisch, zwischen Aachen und Görlitz in den 16 Bundesländern der Bundesrepublik Deutschland. 16 Bundesländer: Kennst Du sie alle? Wenn nicht, dann schau auf diese Karte

❶

Freie und Hansestadt Hamburg
Fläche: 755 km²
Einwohner: 1,6 Millionen
Typisch: Hamburger Hafen, Fischmarkt

Schleswig-Holstein
Hauptstadt: Kiel; Fläche: 15 730 km²
Einwohner: 2,6 Millionen
Typisch: Nord- und Ostseeküste, Lübecker Marzipan

Mecklenburg-Vorpommern
Hauptstadt: Schwerin
Fläche: 23 835 km²
Einwohner: 1,9 Millionen
Typisch: Mecklenburgische Seen, Ostseeküste, Insel Rügen, Fischadler

Niedersachsen
Hauptstadt: Hannover
Fläche: 47 349 km²
Einwohner: 7,4 Millionen
Typisch: Lüneburger Heide, Ostfriesland

Berlin
Fläche: 883 km²
Einwohner: 3,4 Millionen
Hauptstadt der Bundesrepublik Deutschland
Typisch: Berliner Bär

Freie Hansestadt Bremen
Fläche: 404 km²
Einwohner: 0,7 Millionen
Typisch: Bremer Stadtmusikanten

Brandenburg
Hauptstadt: Potsdam
Fläche: 29 060 km²
Einwohner: 2,6 Millionen
Typisch: Schloß Sanssouci

Nordrhein-Westfalen
Hauptstadt: Düsseldorf
Fläche: 34 068 km²
Einwohner: 17,3 Millionen
Typisch: Ruhrgebiet, Kölner Dom

Sachsen-Anhalt
Hauptstadt: Magdeburg
Fläche: 20 444 km²
Einwohner: 2,9 Millionen
Typisch: Lutherstadt Wittenberg

Saarland
Hauptstadt: Saarbrücken
Fläche: 2570 km²
Einwohner: 1,1 Millionen
Typisch: Stahl, Bergbau

Sachsen
Hauptstadt: Dresden
Fläche: 18 338 km²
Einwohner: 4,8 Millionen
Typisch: Erzgebirge, Holzspielzeug

Rheinland-Pfalz
Hauptstadt: Mainz
Fläche: 19 849 km²
Einwohner: 3,7 Millionen
Typisch: Wein, Mainzer Fastnacht

Baden-Württemberg
Hauptstadt: Stuttgart
Fläche: 35 751 km²
Einwohner: 9,8 Millionen
Typisch: Schwarzwald, Spätzle

Hessen
Hauptstadt: Wiesbaden
Fläche: 21 114 km²
Einwohner: 5,7 Millionen
Typisch: Apfelwein, Handkäse

Thüringen
Hauptstadt: Erfurt
Fläche: 16 251 km²
Einwohner: 2,6 Millionen
Typisch: Thüringer Bratwürste

Bayern
Hauptstadt: München
Fläche: 70 554 km²
Einwohner: 11,4 Millionen
Typisch: Lederhosen, Berge

PORTRÄT EINER STADT — PROJEKT 6

Willkommen in Köln!

So ist das in Köln. Man kommt hin, man ist da, man ist zu Hause. Köln ist eine Stadt, in der man sich gleich zurechtfindet. Ein echtes Zentrum am Dom. Der Dom ist natürlich ein Muß. Von dort geht man auf eine Entdeckungsreise. Zum Beispiel zum Fußgängerparadies Hohe Straße. Zur Altstadt. Zu den Museen. Die ganze Welt der Malerei ist im Wallraf-Richartz-Museum zwischen Dom und Rhein zu finden.

AB 1

❶ Lies die Informationen.
Wo liegt Köln?
Was kannst du über Köln herausfinden?

❷ Schau die Karte an und hör gut zu.
Wie kommt man am besten nach Köln?

❸ Schau das Flugblatt an.
Was gibt es in Köln zu sehen?
Was kann man hier machen?

AB 2

Ein Stadtbummel

1 Hör gut zu und schau mal die Fotos an. Welches Foto ist das?

AB 3

74

PORTRÄT EINER STADT   PROJEKT 6

w
der Blick
der Eingang
der Stadtplan
der Turm
die Besteigung
die Eintrittskarte
die Rundfahrt
die Wurstbude
das Eisstadion
das Schiff

Miniprojekt

- Gruppenarbeit. Ihr seid mit einer Schülergruppe in Köln. Ihr habt einen freien Tag, aber ihr müßt in Gruppen von drei oder vier zusammen sein.
  Erfindet Dialoge für diese Situationen:
  1 Was wollt ihr machen? Wählt drei oder vier Aktivitäten aus.
  2 Ihr müßt Eintrittskarten kaufen. Was sagt ihr?
  3 Ihr wollt etwas zum Essen oder Trinken kaufen. Was sagt ihr?

- Spielt die Dialoge vor der Klasse vor.
  Ihr könntet es auf Kassette oder auf Video aufnehmen!

i

	wollen
ich	will
du	willst
er/sie/es	will
wir	wollen
ihr	wollt
sie	wollen
Sie	wollen

AB 4

75

Ankunft und Abfahrt

1 Hör gut zu und lies mit.
Woher kommen diese jungen Leute?

Abends in der Jugendherberge.
Nach Köln kommen Touristen aus aller Welt.

❶
A: Wann seid ihr angekommen?
B: Heute.
A: Woher kommt ihr?
B: Ich komme aus Polen.
C: Und ich aus Irland. Woher kommst du?
A: Aus Japan.

❷
D: Ich bin mit dem Zug aus Leipzig gefahren. Und ihr?
E: Ich bin aus New York geflogen.
F: Wir sind mit dem Bus aus Italien gekommen.

❸
G: Wir haben den Dom besichtigt und ein Museum besucht. Was habt ihr gemacht?
H: Wir sind mit dem Zug nach Bonn gefahren.
G: Wie war es?
H: OK – es ist nicht weit.
I: Was macht ihr morgen?
J: Wir machen einen Ausflug nach Koblenz. Wollt ihr mitfahren?

2 Gruppenarbeit. Ihr seid in der Jugendherberge.
Erfindet neue Identitäten. Macht Dialoge zusammen.

Beispiele:

Woher kommt ihr?   Wie seid ihr gefahren?   Was wollt ihr noch sehen?

Was habt ihr schon gemacht?

PORTRÄT EINER STADT — PROJEKT 6

3 Hör gut zu und lies mit. Im Kölner Hauptbahnhof.

1. Wann fährt der nächste Zug nach Hamburg, bitte?
2. Einmal nach Ulm. Zweiter Klasse. / Einmal Amsterdam, bitte. Einfach. Erster Klasse.
3. Von wo fährt der Zug nach Ulm ab? — Von Gleis 8.

4 Partnerarbeit. Macht Dialoge zusammen. Ihr seid jetzt in Köln. Wie spät ist es?

Beispiel:

(9.40 Uhr)
A: Wann fährt der nächste Zug nach Hamburg?
B: Um 10.10.
A: Wann kommt der Zug an?
B: Um 14.11.

Köln → Hamburg Hbf
km 463

ab	Zug		an	Bemerkungen
0.37	D	1233	4.43	61
6.16	IC	639	9.56	♀
7.09	D	735	11.11	✕ 45
7.48	D	2335	12.06	✕ 45
8.09	IC	737	12.11	✕
9.09	IC	739	13.11	✕ 45
10.10	IC	826	14.11	✕ 45
11.10	IC	526	15.11	✕ 45
11.48	IC	2337	16.06	✕ 45
12.09	IC	822	16.11	✕ 45
13.10	IC	524	17.11	✕ 45
14.09	IC	15.10	IC	620	19.14	✕ 45
16.10	IC	128	20.11	✕ 45
17.09	IC	520	21.11	✕ 45
18.09	EC	28	22.11	✕ 45
19.09	IC	724	23.11	✕ 45
20.10	D	26	0.11	✕ 45
22.16	D	233	2.55	61
23.36	D	1931	5.04	45
23.36	D	1931	5.04	45

B = täglich außer ⑥
G = 24. V. bis 25. IX
H = ① bis ⑥
I = täglich außer ⑥ 26. IX. bis 28. V. nicht 24.
   31. XII., 1. bis 3. IV
J = 23. V. bis 25. IX

Hamburg Hbf → Köln

ab	Zug		an	Bemerkungen
0.37	D	1930	6.02	45
1.45	D	1232	5.42	61
2.50	D	232	7.20	♀ 45
4.47	IC	725	8.50	✕ 45
5.47	EC	27	9.50	✕ 45
6.47	IC	727	10.50	✕ 45
7.47	EC	29	11.50	✕ 45
8.47	IC	621	12.50	✕ 45
9.47	IC	129	13.50	✕ 45
9.52	D	2336	14.08	45
10.47	IC	521	14.50	✕ 45
11.47	IC	823	15.50	✕ 45
12.47	IC	523	16.50	✕ 45
13.47	IC	625	17.50	✕ 45
13.52	D	2334	18.08	45
14.47	IC	527	18.50	✕ 45
15.47	IC	827	19.50	✕ 45
16.23	IC	638	20.17	✕
16.47	IC	738	20.50	✕ 45
17.41	IC	736	21.50	✕ 45
18.47	IC	734	22.50	✕
19.47	IC	830	23.50	✕

K = ① bis ⑥ 27. IX. bis 29. V. nicht 25. XII., 1., 2.
   4. IV
L = 24. V. bis 26. IX
45 = Zug hält auch in Hamburg-Harburg
61 = Nur 2. Klasse

Köln → Amsterdam CS

ab	Zug		an	Bemerkungen
5.10	D	214	8.57	61
5.50	D	202	9.40	♀
6.09	IC	543	9.40	✕ Ü Duisb D ♀
7.17	EC	140	9.54	✕
9.17	EC	142	11.51	✕
11.17	EC	144	13.51	✕
13.17	EC	146	15.51	✕
15.17	EC	148	17.51	✕
17.17	EC	150	19.51	✕
18.02	EC	2	20.51	✕
19.02	EC	104	21.51	Ü Eindh D
19.17	D	1824	23.00	Ü Eindh D
21.17	EC	152	23.51	✕

G = nicht 31. XII.
H = nicht 24., 31. XII.
I = nicht 25. XII., 1., 1.
61 = Nur 2. Klasse

Amsterdam CS → Köln

ab	Zug		an	Bemerkungen
6.06	EC	141	8.42	✕
7.06	EC	143	9.42	✕
8.00	EC	105	10.50	✕ Ü Duisb IC ✕
8.00	EC	105	10.57	✕
9.00	EC	3	11.50	✕ Ü Duisb ✕
9.00	EC	3	11.57	✕
9.32	D	833	13.19	♀ Ü Eindh D
11.06	EC	145	13.42	✕
11.32	D	841	15.19	♀ Ü Eindh D
13.06	EC	147	15.42	✕
13.32	D	849	17.19	♀ Ü Eindh D
15.06	EC	149	17.42	✕
15.32	D	857	19.19	♀ Ü Eindh D
17.00	EC	151	19.42	✕
17.32	D	865	21.19	♀ Ü Eindh D
19.06	EC	153	21.42	✕
19.32	D	873	23.19	♀ Ü Eindh D
20.05	D	203	23.47	♀
20.56	D	215	0.22	61

> Wann fährt der nächste Zug nach … ?
> Von wo fährt der Zug nach … ab?
> Wann kommt der Zug in … an?
> Um … Uhr.
> Von Gleis …

5 Partnerarbeit. Sie kaufen Fahrkarten. Was sagen sie?

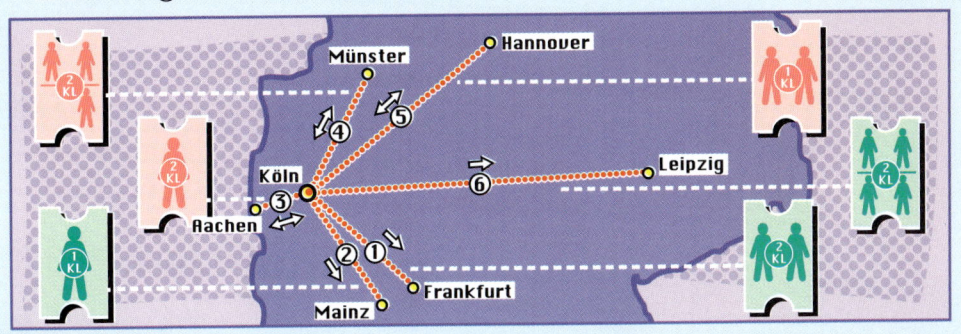

(Karte: Münster, Hannover, Köln, Leipzig, Aachen, Frankfurt, Mainz)

w
der Bahnhof
der Fahrplan
der Fahrkartenschalter
der Zug
die Abfahrt
die Ankunft
die Fahrkarte
das Gleis

77

Eine Schiffsrundfahrt

1 Schau die Bilder gut an.
Hör gut zu. Wie ist die richtige Reihenfolge?

Die Tarife im einzelnen:

Gruppenfahrt: Erwachsene
Ab 10 Erwachsenen: 10% Ermäßigung.
Ab 20 Erwachsenen: 20% Ermäßigung.
Ab 35 Erwachsenen: 25% Ermäßigung.

Freifahrten je nach Gruppengröße.

Gruppenfahrt: Schüler, Studenten, Jugendgruppen
Ab 10 Personen: 50% Ermäßigung.

Diese Ermäßigungen gelten verständlicherweise nicht für Fahrten mit eingeschlossenen Bord- oder Landprogrammen.

KD Köln-Düsseldorfer

PORTRÄT EINER STADT · PROJEKT 6

2 Schau das Menü an.
Hör gut zu. Was wählen sie?

Tageskarte

Datum: Mai 1996

Schiff: Domspatz

Tomatensuppe mit Brot .... DM 4,20
3 Rühreier mit Schinken, Röstkartoffeln, Salate der Saison .... DM 9,40
Hacksteak, Bohnen, Petersilienkartoffeln .... DM 10,90
Gebratenes Schweineschnitzel, Buttererbsen,
    Petersilienkartoffeln .... DM 16,95
1 Stck. Käsesahne .... DM 5,60

Touristenteller: Spaghetti Bolognese ... DM 9,50

Für unsere kleinen Gäste

Portion Pommes frites mit
Mayonnaise oder Ketchup .... DM 2,90
Currywurst, Pommes frites .... DM 5,90
Kleines paniertes Schweineschnitzel,
Gemüse, Pommes frites .... DM 8,90

Beliebte Gerichte ab 11.30 Uhr

Pikante Schweineroulade (200g) gefüllt mit
Hackfleisch und Champignons, Rahmsauce,
Butternudeln, Salate der Saison .... DM 13,80
Paniertes Schweineschnitzel Jäger- oder
Zigeuner-Art, Pommes frites,
 Salate der Saison .... DM 17,90
Rumpsteak (200g) mit grüner Pfeffersauce,
Pommes frites oder Brot,
Salate der Saison .... DM 24,90

3 Gruppenarbeit. Erfindet Dialoge für diese Gäste.

1  2  3  4  5

...und was nimmst du?

Beispiel:

So, bitte schön. Sind Sie soweit?

Ja, Ich nehme das gebratene Schweineschnitzel von der Tageskarte.

Ich möchte ein Rumpsteak.

i	**möchten**
ich	möchte
du	möchtest
er/sie/es	möchte
wir	möchten
ihr	möchtet
sie	möchten
Sie	möchten

i	**nehmen**
ich	nehme
du	nimmst
er/sie/es	nimmt
wir	nehmen
ihr	nehmt
sie	nehmen
Sie	nehmen

Erfindet andere Dialoge!

Köln und Umgebung

1 Diese drei Städte liegen alle am Rhein nicht weit von Köln.
Lies die Informationen darüber.
Wohin möchtest du gern fahren? Warum?

AB 8

A Bonn

Die größte Sammlung der Rheinischen Expressionisten in Bonns Kunstmuseum

Ludwig van Beethoven, der große Sohn Bonns. Und sein musikalisches Erbe: mal klassisch, mal rockig

Bonn'sche Vita: Shopping, Spaß, Sport und Spiel für jung und alt, Tag und Nacht

B Düsseldorf

das eleganteste Einkaufszentrum in Deutschland

die Altstadt

Internationaler Treffpunkt

Kultur in und um den Hofgarten

der neue Südpark

PORTRÄT EINER STADT — PROJEKT 6

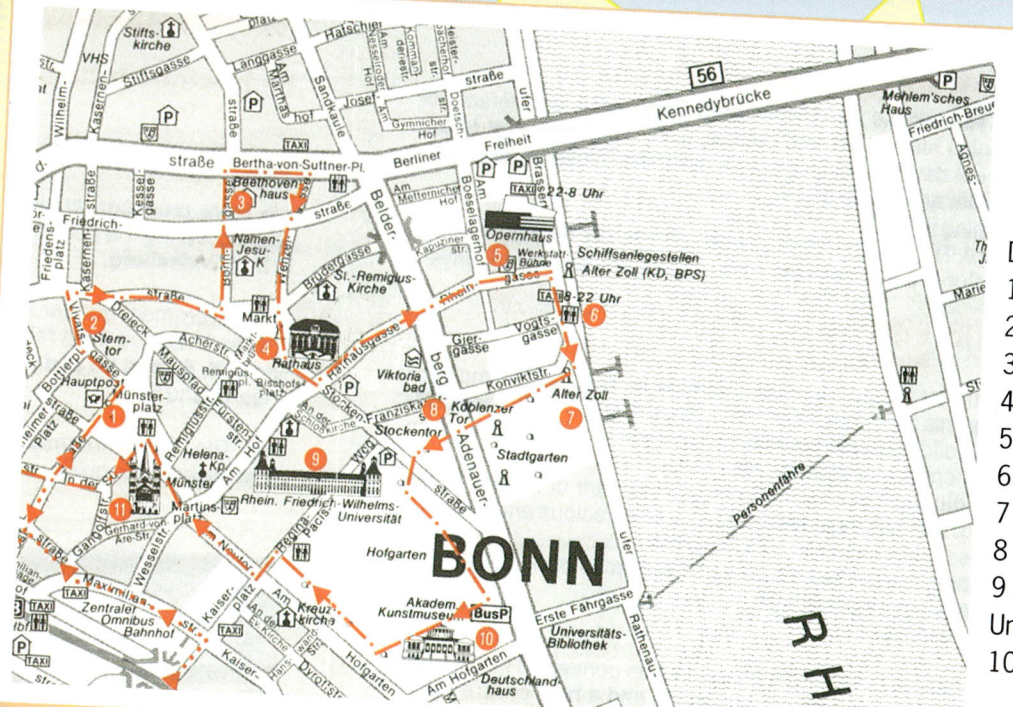

Der Rundgang
1 Beethovendenkmal und Hauptpost
2 Sterntor
3 Beethoven-Haus
4 Altes Rathaus
5 Oper Bonn
6 Schiffsanlegestellen
7 Alter Zoll
8 Koblenzer Tor
9 Rheinische Friedrich-Wilhelms-Universität
10 Akademisches Kunstmuseum

C Koblenz

Koblenz bietet die Festung Ehrenbreitstein – ein rheinisches Gibraltar. Koblenz liegt am Schnittpunkt der vier Mittelgebirge Eifel, Hunsrück, Westerwald und Taunus.

Internationale Restaurants, Straßencafés, unzählige Sport- und Freizeitmöglichkeiten sind auch in Koblenz zu finden.

Geschichte in der romantischen Altstadt und Kulturtrips durch Kirchen, Theater und Museen erwarten den Gast.

Als das Deutsche Eck bezeichnet man die spitze Landzunge am Zusammenfluß von Rhein und Mosel.

Oder haben Sie zum Beispiel gewußt, daß Koblenz mit einer Million Rebstöcke zu den größten weinbautreibenden Städten der Bundesrepublik zählt? Oder daß in Koblenz Fürst Metternich und die Mutter Beethovens das Licht der Welt erblickten?

Höhepunkt der Touristensaison: das grandiose Feuerwerk über der Festung Ehrenbreitstein.

KOBLENZ AN RHEIN UND MOSEL — Was? Wann? Wo?

81

Projektideen

1 Partnerarbeit. Hier ist eine Checkliste. Was gibt es in deiner Stadt?

Hier gibt es **einen**

eine

ein

* der Strand, die Altstadt, der Berg(-e)

2 Mach eine Reklame über deine Stadt für Radio XYZ! Sie darf nur 15 Sekunden dauern.

Kommen Sie nach... Hier gibt es...

3 Du willst eine Stadt in Deutschland besuchen und du brauchst Informationen. Lies den Brief, bevor du deinen eigenen Brief schreibst:

- Wähl die Stadt, die du besuchen willst.
- Schreib deine Adresse und das Datum von heute.
- Du willst im August fahren und brauchst Informationen über Campingplätze.
- Die Informationen müssen auf englisch sein, weil deine Familie kein Deutsch versteht.

Beispiel:

Du könntest den Text im Computer verarbeiten.

17, Alpha Street
Somewhere Town

An das Fremdenverkehrsamt
Berliner Platz
40210 DÜSSELDORF
Germany

d. 11. Juni 1999

Sehr geehrte Damen und Herren,
Ich fahre im Herbst nach Düsseldorf und hoffe eine Woche dort zu verbringen. Könnten Sie mir bitte einen Stadtplan und eine Broschüre über Ausflüge in der Nähe von Düsseldorf senden? Ich hätte auch gern eine Hotelliste und Informationen über Schiffahrten am Rhein und an der Mosel. Würden Sie mir bitte die Informationen auf deutsch senden?
Mit freundlichen Grüßen

A. N. Other

PORTRÄT EINER STADT **PROJEKT 6**

4 Mach ein Flugblatt für deutsche Touristen ...
1 über deine Stadt und Umgebung.
2 über eine Stadt in Deutschland, Österreich oder in der Schweiz.

Wo liegt die Stadt?
Wie fährt man am besten nach …?
Wie ist die Landschaft um die Stadt? Was gibt es zu sehen?
Was kann man hier machen?
Was ist hier berühmt?
Kommt eine berühmte Person aus der Stadt?
Wie ist das Wetter hier?
Was sind die Spezialitäten in dieser Region?

Beispiele:

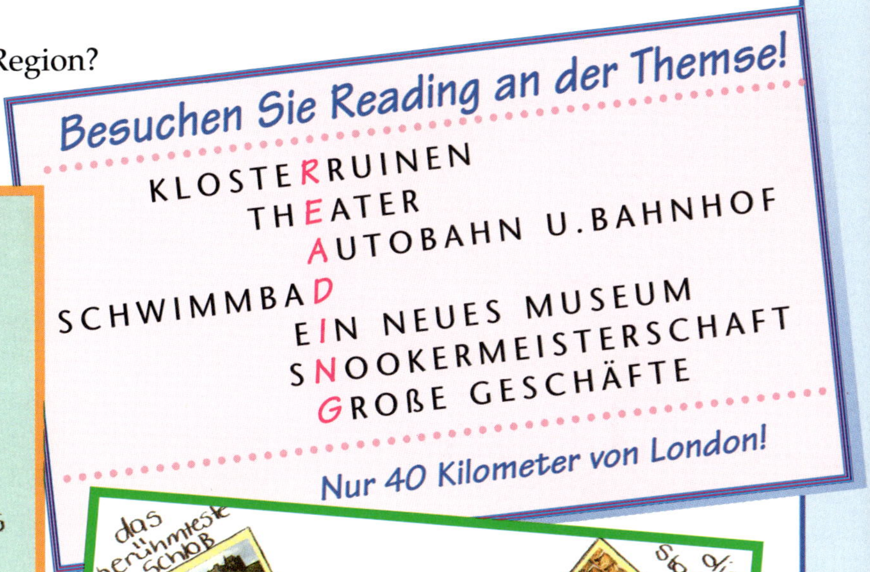

Besuchen Sie Reading an der Themse!

KLOSTE**R**RUINEN
TH**E**ATER
AUTOBAHN U. BAHNHOF
SCHWIMMBA**D**
EIN NEUES MUSEUM
S**N**OOKERMEISTERSCHAFT
GROßE GESCHÄFTE

Nur 40 Kilometer von London!

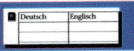

EDINBURG
Schottlands schönste Stadt.....

Besichtigen Sie das spannendste Unterwassererlebnis der Welt in North Queensferry

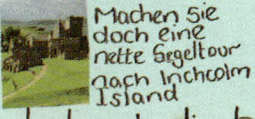

Schottlands älteste Brennerei nur eine Stunde von Edinburg

Schottlands schönste Brücke

Das grösste Pinguingehege der welt im Edinburger Zoo

Machen Sie doch eine nette Segeltour nach Inchcolm Island

...h at auch die herrlichsten Aussichten

das berühmteste Schloß
die Stadtmitte
die windigste Stadt
eine teure Stadt
Grüße aus EDINBURG
was die Touristen gesagt haben:
die schönste Stadt der Welt...
der älteste Teil stammt aus dem 11. Jahrhundert
hat auch die herrlichsten Aussichten
die schönen Berge

> **i**
> alt – der älteste Teil
> teuer – die teuerste Stadt
> berühmt – das berühmteste Schloß
> herrlich – die herrlichsten Aussichten
>
> **AB 9**

Mach jetzt eine Wortliste für dieses Projekt.

Sebastian Krüger über Sebastian Krüger

Meine Schwester wurde am 16.5. 1968 geboren.
ICH AM 30.06. 1963.
Meine Schwester hat mit drei Jahren angfangen zu malen.
ICH NICHT
In der Grundschule war meine Schwester sehr strebsam und fleißig.
ICH NICHT
Meine Schwester besuchte dann das Gymnasium.
ICH NICHT
Sie brauchte keine Klasse zu wiederholen.
ICH SCHON
Meine Schwester hat Abitur. Irgendwann hat sie aufgehört zu zeichnen und zu malen.
ICH NICHT
Meine Schwester lehnte den Vorschlag, dreizehn Semester freie Malerei zu studieren, ab.
ICH NICHT
Meine Schwester hört sehr gerne Rolling-Stones-Platten.
ICH AUCH
Seit 1986 arbeite ich für eine Agentur in Hamburg.
Meine Schwester nicht.
DORT VERDIENE ICH ORDENTLICH GELD.
Meine Schwester nicht.

Fünf klassische Gründe, die seine Gefühle nicht verletzen

- *Ich mag dich wirklich, aber zur Zeit möchte ich einfach keinen Freund haben.*

- *Ich brauche Zeit, um mich auf meinen Schulabschluß (Prüfung ...) zu konzentrieren.*

- *Ich weiß selbst nicht, was ich momentan will. Und bis ich das weiß, sollte ich besser keinen Freund haben.*

- *Ich habe ziemliche Schwierigkeiten mit meinen Eltern, denn die sehen es momentan gar nicht gerne, daß ich einen Freund habe.*

- *Für mich bist du eher ein guter Kumpel als mein Freund.*

Hägar der schreckliche

Urlaubsfahrt

frühgeweckt gefrühstückt raus
winke winke schlüssel haus
autobahnen autoschlange
kinderplappern mama bange
koffer koffer kindertragen
flaschen taschen puppenwagen
papa mama koffer kinder
autokarte notlichtblinker
schlange kriechen sonne heiß
stinken staub benzin schweiß
stockung hunger mama brote
papa skatspiel radio tote
schlafen schimpfen hupen schwitzen
weiterfahren weitersitzen
müde mitternacht hotel pension
tausenddreißig schlafen schon

Hans A. Halbey

Sprüche aus dem Volksmund

A
Wer nicht kommt zur rechten Zeit, der muß nehmen, was übrig bleibt.

B
Besser ein gesunder Bettler als ein kranker König.

C
Wer schlafen will und früh aufstehn, darf nicht zu spät zu Bette gehen.

D
Ein frohes Herz, gesundes Blut, ist viel besser als viel Geld und Gut.

E
Arbeit und Ruh' schließen dem Arzt die Türe zu.

Witze über Tiere

Finde das passende Cartoon.

A – Wie heißt ein Pinguin in der Wüste?
– Verlaufen.

B – Warum hat eine Giraffe so einen langen Hals?
– Weil ihre Füße stinken!

C – Sie stehen auf seinem großen Zeh!

D – „Ihr Mittagessen ist abgehauen. Mit freundlichen Grüßen ..."

E – Im Zoo sagt der Wärter zur Schulklasse: „Geht nicht zu nahe an den Tiger ran!"
– Meint der Klassensprecher: „Keine Gefahr – der ist satt!"
– „Woher wollt ihr das wissen?"
– „Unser Mathe-Lehrer fehlt."

F – Du findest einen schlafenden Gorilla in deinem Bett. Was machst du?
– Ich schlafe irgendwo anders!

G – Warum fliegen die Vögel in den Süden?
– Weil es zu weit ist, zu Fuß zu gehen!

H – Warum haben Löwen einen so dicken Kopf?
– Damit er nicht durch den Zaun im Zoo paßt!

I – Was wird ein Tiger nach fünf Jahren?
– Ein Tiger von sechs Jahren!

J – Warum ist es unmöglich, eine Katze in einer leeren Kiste von Hamburg nach New York zu transportieren?
– Weil in einer leeren Kiste keine Katze sein kann!

AB 2

Was bin ich?

Giftig bin ich nicht;
Kinder beiß ich nicht;
Wurzeln nag ich nicht;
nach Blumen frag ich nicht.
Würmlein und Schnecken,
die lass ich mir schmecken.

Ich sitz' in dunklen Ecken;
ich bin so sehr bescheiden;
doch keiner kann mich leiden.
Das betrübt mich in meinem Sinn –
kann ich dafür, daß ich häßlich bin?

Johannes Trojan

Bin ich...
A ein deprimierter Hund?
B eine unbeliebte Schlange?
C eine schleimige Kröte?

Eine Fabel

Die Krähe fliegt über dem Meer und schaut: Da kriecht der Krebs. Happ! – hat sie ihn und bringt ihn auf einen Baum, um in Ruhe zu frühstücken.
Der Krebs sieht, daß es um Hals und Kragen geht, und spricht zur Krähe:
– Ach Krähe, liebe Krähe, sind das Zeiten! Ich hab' deinen Vater und deine Mutter gekannt, das waren nette Leute!
– Mhm, meinte die Krähe, ohne den Schnabel aufzumachen.
– Ach ja, und deine Brüder und Schwestern habe ich auch gekannt. Wirklich brave Leute!
– Mhm, meinte die Krähe wieder.
– Na ja, sehr brave Leute – aber dir kommen sie gar nicht gleich. Ich glaube es ist auf der ganzen Welt niemand schöner und intelligenter als du!
– Aha! rief die Krähe aus vollem Hals – und der Krebs fiel ins Meer!
Rudolf Kirsten (1886–1972)

Was ist die Moral der Geschichte?

AB 3A

Die Maus

In einem enormen Dom lebte eine Maus in einem kleinen Loch. Sie wohnte dort mit ihren Jungen. Eines Tages fragten die Jungen: „Wozu haben die Menschen dieses große Gebäude gebaut?"
„Damit es nicht in unser Löchlein regnet!" sagte die Maus.

Hat diese Antwort dich überrascht? Warum?

Der Fuchs und der Tiger

Eines Tages fing ein riesiger Tiger einen schlauen Fuchs. Der Fuchs hatte keine Angst und redete unverdrossen: „Ich weiß, du willst mich jetzt fressen; aber wenn du mich frißt, verlierst du einen mächtigen Freund. Die Menschen haben Angst vor mir genau wie vor dir, und ich kann es dir beweisen!"
Zusammen gingen sie den Fluß entlang bis zur Landstraße, der Fuchs als erster, der Tiger hinter ihm.
Als die Leute die beiden sahen, sind sie Hals über Kopf weggelaufen.
Da sprach der Fuchs: „Du weißt nun, ich habe recht. Mich sahen die Menschen und sind weggelaufen."
Der Tiger war davon überzeugt, und sie wurden Freunde. Der Fuchs hielt es aber für besser allein seiner Wege zu gehen.
ein chinesisches Volksmärchen

AB 3B

Zum Lesen

Stephanie ist Vegetarierin

Die Bilder von gequältem Schlachtvieh in TV-Berichten gaben für Stephanie (17) den Ausschlag: Sie wurde Vegetarierin. Seitdem fühlt sie sich besser – körperlich und seelisch. Kein Einzelfall: Immer mehr Jugendliche verzichten auf Fleisch.

Die Entscheidung fiel vor drei Monaten. Nie mehr Fleisch, nie mehr Fisch. Es war an einem herrlichen Sommertag. Meine Familie und ich waren zu einem Grillfest bei Verwandten eingeladen. Eigentlich hatte ich Grillpartys bisher immer geliebt. Das braungebrutzelte Fleisch vom Rost hatte mir besser geschmeckt als ein Kotelett aus der Pfanne daheim.

Aber an diesem Abend gab es zu meinem großen Schreck Spanferkel – direkt vom Spieß. Schon der erste Anblick war einfach widerwärtig! Das kleine, süße Ferkelchen! Aufgespießt, mit aus dem maul hängender Zunge, drehte es sich über dem offenen Feuer. Vom Kopf bis zu den Pfoten waren alle Körperteile deutlich zu erkennen. Mich überkam plötzlich ein wahnsinniger Ekel und ein großes Mitleid mit dem Tier, das nur wegen uns getötet worden war.

Seitdem sie auf Fleisch verzichtet ...

Stephanie liebt ihre zwei Kätzchen ...

... und ernährt sich streng vegetarisch

... ist die Schülerin fitter beim Sport

Ein vegetarisches Rezept

Gemüse-Omelettes nach Großmutter-Art

<u>Zutaten</u>
2 Tomaten
60g Champignons
300g Zwiebeln mit gewürfeltem Paprika
1 Bund Petersilie
8 Eier
8 Eßl. Wasser
1 Teel. Salz
Pfeffer
Butter

Die unendliche Geschichte seiner Verletzungen

Zum Lesen. Was paßt zusammen?

Beispiel: 1 = C

Die unendliche Geschichte seiner Verletzungen

A Rechtes Knie: Innenband-Einriß im Juli '90, Verhärtung in der Kniekehle im Oktober '93.

B Linkes Knie: Bänderdehnung im April '87.

C Kopf: Jochbeinbruch im September '88.

D Rücken: Wirbel verschoben im Juli '89, konventionell behandelt (keine OP).

E Linkes Sprunggelenk: Doppelter Bänderriß und Operation im Dezember '89, Bänderriß '91.

F Rechtes Sprunggelenk: Doppelter Außenbandriß, Operation im Oktober '89, Bänderriß im April '90, Kapselriß und Bändereinriß im Mai '93.

G Rechter Oberschenkel: Muskelfaserriß im März '89, Muskelverhärtung im November '90, Muskelbündelriß im September '93.

H Linker Oberschenkel: Muskelverhärtung im April '88, Muskelfaserriß im Mai '88.

I Rechte Ferse: Letzten Dienstag Operation an entzündeten Schleimbeuteln.

J Linke Schulter: Ausgekugelt im November '92, ausgekugelt im Januar '93, Schulterluxation (Oberarmkopf aus der Pfanne getreten) mit Bänderriß und Operation im Juni '93.

K Rechte Wade: Muskelfaserriß im Juni '86, Bänderriß im März '90.

L Leiste: Zerrung im August '89, Operation im Herbst '91.

Pechvogel Thon: Immer, wenn er fast oben ist...

Der gute Nachbar

Einmal mußte ein junges Mädchen von Frankfurt nach Berlin fahren. Sie mußte nachts fahren. Das war sehr gefährlich, und sie hatte Angst. Sie ist mit dem Zug gefahren.

Nach einer Stunde ist sie eingeschlafen. Es war kurz nach ein Uhr. Auf einmal ist etwas Schreckliches passiert. Zwei Männer sind in das Abteil gekommen. Wer waren sie? Was wollten sie? Die zwei Männer waren ... Räuber! Plötzlich haben sie das Mädchen geprügelt. Sie hat keine Chance gehabt. Die zwei Männer sind schnell gegangen. Das Mädchen ist wie tot im Abteil gelegen. Ihr Geld war weg. Am ganzen Körper hat es ihr weh getan.

Aha! Da war jemand! Wer war es? Eine Geschäftsfrau. Mit Aktentasche. Sie ist gekommen ... und ... ist weiter zum Restaurant gegangen.

Aha! Da war noch jemand! Wer war es? Ein Lehrer. Die Schulferien hatten begonnen. Er ist gekommen ... und ... hat das Mädchen gesehen ... und ... ist weiter zum Restaurant gegangen. Er wollte seine Schüler und Schülerinnen vergessen.

Dann ist wieder jemand gekommen. Es war ein Mann, ein Türke. (Leute aus der Türkei waren oft unbeliebt). Er hat das Mädchen gesehen. Er hat ihr geholfen. Er hat gefragt: Was ist denn passiert? Wo tut es weh? Ich helfe dir. Und er hat den Schaffner geholt.

Der Zug hat gehalten. Der Türke ist mit dem Mädchen im Krankenwagen ins Krankenhaus gefahren. Dann hat er ihre Eltern in Frankfurt angerufen.

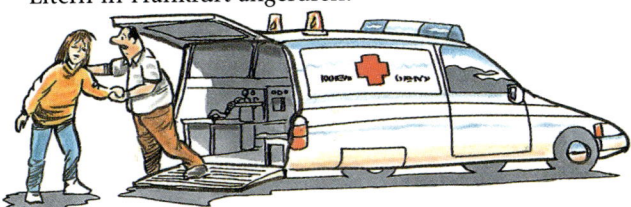

Wer war der gute Nachbar?

AB 5A

Problemseite

A

Ich weiß nicht, was mit mir los ist. Alle meine Freundinnen flirten wie wild mit den Jungs rum und sind überhaupt nicht schüchtern, wenn sie angesprochen werden.
Ich reagiere da ganz anders – total schüchtern und verklemmt. Wenn mich ein Junge länger als zwei Sekunden anschaut, bekomme ich gleich einen total roten Kopf.
Jetzt habe ich mich auch noch in einen Jungen an unserer Schule verknallt. Aber ich finde einfach nicht den Mut, ihn anzusprechen oder mit ihm zu flirten. Ich bin schon ganz verzweifelt. Was kann ich gegen meine Schüchternheit machen?

Hanna (16)

B

Ich schreibe Euch, weil ich nicht mehr weiter weiß. Bobby, unser Hund, ist gestorben. Er war sehr krank. Wir hatten ihn 17 Jahre und ich wurde mit ihm groß. In mir ist eine große Leere, denn ich liebte ihn sehr. Er war klein und blond, hatte ein schnuckeliges Gesicht und strahlende Augen. Er war wie ein Bruder oder eine zweite Mutter. Nun ist er fort und ich habe niemanden mehr. Bitte helft mir.

Jürgen (13)

C

Ich werde zwar im August erst 17, möchte mich trotzdem jetzt schon nach den Kosten für einen Auto-Führerschein erkundigen. Soll ich jetzt bereits mit dem Sparen anfangen, wenn ich mit 18 Jahren meine Führerscheinprüfung machen will? Was muß ich sonst noch beachten?

Susanne (16)

D

Meine beste Freundin hat in vier Wochen ihren sechzehnten Geburtstag. Ich möchte sie mit etwas ganz Besonderem überraschen. Aber mir fällt einfach nichts ein. Vielleicht könnt ihr mir Tips geben?

Christine (16)

E

Seit zwei Monaten sind Ralf und ich ein Liebespaar. Unsere Beziehung ist wirklich wunderschön, und wir verstehen uns super. Deshalb habe ich meinen Freund gefragt, ob ich ihn mal zu Hause besuchen darf. Erst hat er auf meine Frage gar nicht geantwortet, aber dann meinte er, seine Eltern würden das nicht gerne sehen. Mir war sofort klar, was er damit meinte. Seine Eltern sind gegen unsere Freundschaft, weil ich ein türkisches Mädchen bin. Ich habe Angst, daß unsere Liebe zerbricht. Was kann ich tun?

Leyla (16)

F

Mein Freund ist Kapitän einer Handball-Mannschaft und ununterbrochen unterwegs. Fast jedes Wochenende ist irgendwo ein Spiel. Für mich hat er fast keine Zeit mehr. Das stinkt mir einfach. Ich habe mit meinem Freund schon darüber gesprochen, aber er sagt, er könne auf sein Hobby nicht verzichten und eine richtige "Handball-Braut" müsse dafür Verständnis haben. Er behauptet sogar, mein Nörgeln sei der Beweis dafür, daß ich ihn nicht richtig lieben würde. Das stimmt aber nicht! Was soll ich tun?

Natalie (17)

Tagebuch einer Ausreißerin

Natascha hat Ärger zu Hause. Als sie auch noch erfährt, daß sie nicht versetzt wird, reißt sie aus und landet am Bahnhof Zoo in Berlin ...

MONTAG Heute morgen bekamen wir in der Schule die Matheklausur zurück. Ich traute meinen Augen nicht: eine glatte Sechs! Jetzt steht fest: Ich werde nicht versetzt! Wenn das mein Vater erfährt, läuft er Amok. Ich bin zu Hause sowieso diejenige, auf der alle rumhacken. Mein jüngerer Bruder wird in allen Punkten vorgezogen. Selbst wenn sich meine Eltern streiten – und das tun sie in letzter Zeit immer häufiger – lassen sie auf Markus nichts kommen. Dafür bin ich das schwarze Schaf. Und sie geben mir die Schuld, daß ihre Ehe in die Brüche geht. Nein, wenn mein Vater erfährt, daß ich nicht versetzt werde, dreht der durch und schlägt mich wieder, wie vor ein paar Wochen, als ich mal zu spät aus der Disco heimgekehrt bin. Am liebsten würde ich abhauen. Irgendwo nach Berlin. Ich hab' die Nase sowieso von dieser Kleinstadt voll.

MITTWOCH Gestern abend gab's zu Hause wieder Krach, weil ich angeblich die Musik zu laut aufgedreht hätte. Ich habe mich in meinem Zimmer eingeschlossen und geheult. Spät abends habe ich dann ein paar Sachen zusammengepackt, mein Sparschwein geknackt und knapp 300 Mark eingesteckt. Dann habe ich mich an den Straßenrand gestellt und bin Richtung Berlin getrampt. Jetzt bin ich frei!

AB 6

DONNERSTAG Ich bin die halbe Nacht durch die Straßen der Berliner City gerannt, fühlte mich total müde und bekam plötzlich Angst: Wenn mich jetzt die Bullen schnappen und mich wieder nach Hause bringen? Ich bin doch erst sechzehn.

FREITAG Ich habe heute am Bahnhof Carmen kennengelernt. Sie ist erst 15, sieht aber älter aus. Sie brachte mich zu dem Mädchenheim, das ein paar Straßen vom Bahnhof entfernt ist.

SAMSTAG Ich fühle mich ganz gut und bereue nicht, von zu Hause abgehauen zu sein. Allerdings habe ich nur noch knapp hundert Mark. Den Rest hab' ich für Hamburger, Pommes und Cola ausgegeben. Das reicht noch für ein paar Tage. Ich war heute im Zoo und hab' mir die kleinen Affen und Bären angeschaut. Es war ein richtig schöner Tag. Die Sonne schien, und der Himmel war strahlend blau.

DIENSTAG Carmen hat mich zu ihrer Clique mitgenommen: Die meisten sind auf Drogen und leben schon seit Monaten auf der Straße. Echt kaputte Typen darunter.

DONNERSTAG Mir geht's schlecht. Das Geld ist fast alle. Ich hab' mir von Carmen fünfzig Mark geliehen. Carmen darf nicht mehr im Mädchenheim schlafen. Sie ist zum dritten Mal mit Drogen erwischt worden. Sie will jetzt bei einem Freund übernachten. Ich bleibe im Mädchenheim.

SAMSTAG Ich hab' keinen Pfennig Geld mehr und schulde Carmen fünfzig Mark. Ich hatte mir schon überlegt, etwas im Laden zu stehlen und dann zu verkaufen, so wie es die anderen machen. Aber mir fehlt der Mut, und ich habe Angst vor der Polizei.

SONNTAG Ich bin jetzt schon fast zwei Wochen weg von zu Hause. Ich frage mich manchmal, ob es richtig war, abzuhauen.

MONTAG Heute lernte ich Stefan kennen. Er ist Student, der Sozialpädagogik studiert und sich in seiner Freizeit um die Kids am Bahnhof Zoo im Rahmen eines Projektes kümmert. Er hat nicht viel gefragt, mich nur so komisch angesehen. Er ist wirklich ein echter Kumpel.

MITTWOCH Ich hatte mit Stefan heute ein längeres Gespräch. Ich erzählte ihm meine ganze Lebensgeschichte, und er war total lieb und hörte mir zu. So aufmerksam hat mir schon lange keiner mehr zugehört.

DONNERSTAG Den ganzen Tag trieb ich mich in der Stadt herum. Abends redete ich wieder ganz lange mit Stefan. „Du paßt nicht auf die Straße", sagte er. „Du bist nicht so kaputt wie die anderen."

SAMSTAG Heute regnet es, und es ist ziemlich kalt. Das Leben auf der Straße hat irgendwie seinen Glanz verloren. Alles trist. Ich bin den ganzen Tag bei Stefan in der Wohnung geblieben. Er will, daß ich wenigstens meine Eltern anrufe und ihnen sage, wie es mir geht.

SONNTAG Ich habe meine Eltern heute tatsächlich angerufen und ihnen gesagt, daß ich in Berlin bin. Sie waren ganz anders, als ich erwartet hatte. Meine Mutter heulte und bat mich zurückzukommen. Auch Vater war wie ausgetauscht. Jetzt weiß ich: Ich werde nach Hause zurückkehren. Gleich morgen. Und Stefan wird mich begleiten ...

E N D E

Auflösung des Salto-Tests von Seiten 20–21

Welches Zeichen hast Du am häufigsten angekreuzt, ● , ■ oder ▲ ?

● Du scheinst Dich nicht so besonders gut zu finden. Warum? Jede(r) hat zwar Schwächen, aber eben auch Stärken. Überleg Dir das mal, und versuche vielleicht mal, alles auf einen Zettel zu schreiben, was Du an Dir gut findest. Wenn Du ganz ehrlich bist, findest Du bestimmt einiges, was Du an Dir magst.

■ Du hast ein ganz gesundes Selbstbewußtsein. Du willst nicht allen Menschen um jeden Preis gefallen, weil Du weißt, daß das nie geht. Du kennst auch Deine Schwachpunkte. Deshalb kommst Du mit Dir und anderen Menschen wahrscheinlich ganz gut klar. Du bist, was Du bist und mußt den anderen nichts vorspielen, das ist gut.

▲ Selbstbewußtsein – für Dich überhaupt kein Problem. Du scheinst Dich schon ziemlich toll zu finden, denn Kritikpunkte gibt es für Dich kaum. Es ist schon wichtig, von sich selbst überzeugt zu sein, aber Selbstbewußtsein heißt auch, seine Schwächen zu kennen.

PROJEKT 1 — Extraseiten

Selbstporträt

A Lesetext.
Wie macht man ein Freundschaftsbändchen?
Mach Notizen auf englisch und mach auch eins!

FREUNDSCHAFTSBÄNDCHEN

DU BRAUCHST:
- 1 Sicherheitsnadel
- 3 verschiedenfarbige (Stickgarn)fäden von je 2 Metern Länge.
- viel Zeit!

1.) Halbiere die Fäden, so daß du 6 Fäden von je 1 m Länge hast.
Knote die Fäden zusammen und ordne sie so, daß zwei gleichfarbige nebeneinander liegen.

1 m lange Fäden

Mach die Fäden mit der Sicherheitsnadel am Hosenbein (in der Höhe des Knies) fest.

2.) Nimm den 1. Faden und verknote ihn mit dem 2. Faden. Ziehe den 2. Faden dabei straff!

2 mal

Mache das Ganze noch einmal, also insgesamt 2 mal!

3.) Behalte den 1. Faden in der Hand und lege den 2. Faden nach links zur Seite.
Dann wiederhole den Vorgang von 2.) mit dem 1. und dem 3. Faden! Wieder 2 mal!

2 mal

4.) Wiederhole den Vorgang von 2.) + 3.) mit allen restlichen Fäden (dem 4., 5., 6. Faden). Immer 2 Knoten!

5.) Wenn du mit dem 1. Faden "fertig-geknotet" hast, machst du das gleiche mit dem 2. Faden. (3., 4., 5., 6. Faden). Das machst Du so lange, bis Dir das Armband lang genug ist.

6.) Flechte die Enden noch ein Stück, damit sich das Band leichter um den Arm knoten läßt!

zu 5.)   *zu 6.)*

viel Spaß!
Verena

B Zum Hören.
Fünf Leute beschreiben sich.
Was sagen sie? Mach Notizen.

Ralph	Anke	Serkan	Saskia	Dagmar

92

EXTRASEITEN — PROJEKT 2

Austausch nach Österreich

A Lesetext.
Lies diesen Text zum Thema eines Austausches nach Kenia.
Nkirote, ein Mädchen aus Kenia beschreibt den Besuch einer deutschen Gruppe.

Die Schule

Unsere Gastschwestern leben im Internat. Einmal im Monat dürfen sie nach Hause. Am Wochenende dürfen die Eltern kommen. Vor dem Unterricht gehen die Mädchen in die Kirche. Eine Schulstunde dauert 40 Minuten, dann gibt es fünf Minuten Pause. Nach vier Stunden gibt es 30 Minuten Pause. Auch kenianische Schüler gucken ab und schreiben heimlich Briefchen. Die Schüler haben Bänke und Tische aus Holz. Alles ist schon sehr alt. Die Mädchen tragen Schuluniformen. Sie dürfen keinen Schmuck, Nagellack und keine Zöpfe tragen. In den ersten beiden Jahren schlafen die Schülerinnen in Sälen mit 20 Betten. Jeder hat einen Schrank. Später gibt es Einzelräume. Die Wäsche muß jeder selber waschen. In der Freizeit kann man viel Sport machen. Es gibt einen Swimmingpool und viele Sportmannschaften. Die Kenya High School ist eine hoch angesehene Schule.

Katinka und ihre Gastschwester Caroline

Der Gegenbesuch

Wenn ich nach Deutschland komme, möchte ich folgendes sehen: die Kirchen, denn ich glaube, sie sind sehr schön; die U-Bahn, denn das ist sehr aufregend; die Geschäfte. Ich möchte die Leute und ihre Kultur kennenlernen, denn das ist ganz anders als bei uns.
Nkirote Mwosia

1 Welche Unterschiede gibt es zwischen der kenianischen Schule und deiner Schule?

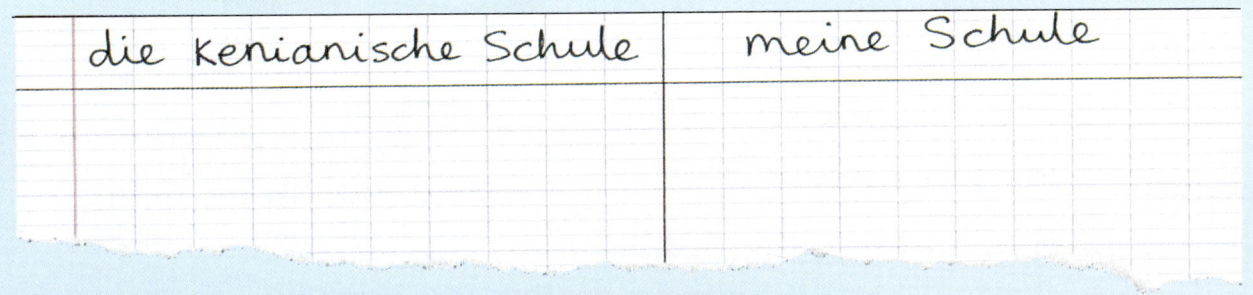

die kenianische Schule	meine Schule

2 Was möchte Nkirote in Deutschland machen?

3 Was möchtest du in Deutschland, Österreich, in der Schweiz oder in Kenia machen?

B Zum Hören.
Fünf Schüler und Schülerinnen beschreiben ihre Austauscherfahrungen.
1 Wo sind sie auf Schulaustausch gefahren?
2 Was haben sie gemacht?
3 Wie war es?

PROJEKT 3

Tiere

A Lesetext.
1 Welches Tier ist das?

info Die Größten, Schwersten und Schnellsten ...

... findet man leicht in der Tierwelt:
- Der Blauwal ist mit seinen 30 Metern Körperlänge und 130 000 Kilogramm Gewicht der massigste Erdbewohner
- Der Gepard läuft auf Kurzstrecken-Sprints 101 km/h
- Die amerikanische Hirschziegenantilope schafft bei einem Mittelstrecken-Dauerlauf 88 km/h
- Killerwale schwimmen über eine Langstrecke von 10 000 Metern 55,5 km/h
- Elefantenrobben können bis zu 1257 Meter tief tauchen
- In der Luft sind Wanderfalken bis zu 300 km/h schnell. Ihre Beute schlagen sie meist in der Luft bei 190 km/h

Zum Vergleich die Rekorde der Menschen
Hochsprung: 2,44 Meter
Weitsprung: 8,95 Meter
100-Meter-Lauf: 9,86 Sekunden
100 Meter Kraulen: 48,42 Sekunden

2 Was kann jedes Tier machen? Schreib Sätze.

Beispiel: Ein Gepard kann 101 km/h laufen.

B Zum Hören.
Fünf Schüler und Schülerinnen beschreiben ihre Haustiere.
Mach Notizen.

Stephanie	Susanne	Christian	Andreas	Paul

Hilfe

EXTRASEITEN PROJEKT 4

A Lesetext.
1 Welche Beschreibung paßt hier zu welchem Bild?
2 Wie heißt der Slogan auf englisch?

B Lesetext.
Lies diese Reisechechliste.
Was nimmst du mit?
Schreib die Liste auf englisch aus.

Stabile Seitenlage

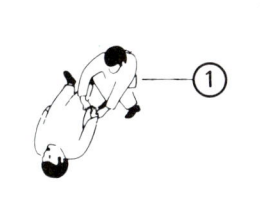

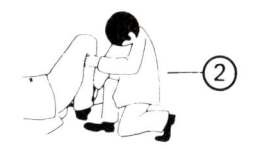

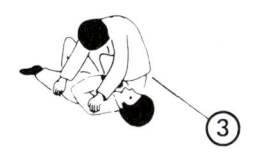

① Bewußtlosen an der Hüfte leicht anheben und den nahen Arm des Verletzten gestreckt unter das Gesäß legen. **A**

② Nahes Bein des Bewußtlosen im Knie anwinkeln und Fuß unter die Kniekehle des anderen Beines stecken. Nun anderen Arm des Verletzten mit der Hand auf nahe Schulter legen. **B**

③ Kopf des Bewußtlosen in den Nacken überstrecken und Gesicht etwas erdwärts wenden. **C**

④ Schulter und Gesäß des Bewußtlosen erfassen und Bewußtlosen vorsichtig zu sich herüberrollen. Dabei darauf achten, daß der Kopf nicht fällt. **D**

⑤ Den Arm des Verletzten am Ellenbogen nach vorn ziehen, fernen Arm leicht anwinkeln. **E**

Helfen macht Freu(n)de

Urlaubs-Check-Liste

☐ Neue Straßenkarte für Reiseroute anschaffen
☐ Kontakadressen für Notfälle (Automobil-Clubs, Konsulate) ausfindig machen
☐ Internationale Schadensmeldung bei Versicherung oder ADAC holen
☐ Fahrzeugpapiere in die Brieftasche
☐ D-Schild anbringen
☐ Warndreieck, Warnlampe, Abschleppseil kontrollieren
☐ Taschenlampe im Auto verstauen
☐ Reservereifen, Reservekanister auffüllen
☐ Gefüllten Wasserkanister in den Kofferraum legen
☐ Werkzeuge ergänzen
☐ Autoapotheke überprüfen
☐ Reservekeilriemen und Reservelampen kaufen
☐ Reisedecke und Kissen auf Rücksitz unterbringen

Vor der Abreise
☐ Haustiere in Pflege geben
☐ Wohnungs-Zweitschlüssel dem Nachbarn aushändigen
☐ Hauptwasserhahn abdrehen

C Zum Hören.
Fünf Schüler und Schülerinnen waren letzte Woche krank.
Was fehlte ihnen? Mach Notizen.

PROJEKT 5

Zukunftspläne

A Lesetext.
Lies diese Umwelttips.
Wie heißen sie auf englisch?

Was können wir tun, um unsere Umwelt zu schützen?

- Unsere Häuser gut isolieren.
- Mehr Bäume pflanzen.
- Mit dem Bus, mit dem Fahrrad oder mit dem Zug fahren.
- Mitglied einer Umweltorganisation werden.
- Abfall in den Papierkorb werfen.
- Plastiktüten zwei oder dreimal beim Einkaufen im Supermarkt benutzen.
- Zeitungen zum Recyclingcontainer bringen.

B Lesetext.
1 Lies diese Artikel.
Was paßt hier zusammen?

Neue Energiequellen

Kohle, Gas und Öl haben wir nicht für immer. Wir müssen auch neue Energiequellen finden.

1
Statt Benzin kann man auch Autos mit Algen, Alkohol oder Gas fahren.

2
Durch die Verschmelzung von Atomkernen werden enorme Energiemengen produziert.

3
Elektrizität kann man durch Windräder produzieren.

4
Mit Solarheizung kann man Häuser oder Schwimmbäder beheizen. Ein Kraftwerk in Kalifornien wird bald genug Elektrizität für eine Million Menschen produzieren.

5
Man experimentiert damit, die Kraft der Ozeanwellen zu benutzen, um Energie zu produzieren.

A Windkraft	C Neue Treibstoffe	E Kernenergie
B Wasserkraft	D Sonnenenergie	

2 Zeichne ein energiesparendes Haus der Zukunft.

EXTRASEITEN | PROJEKT 6

Porträt einer Stadt

A Zum Hören.
Du hast einen neuen Austauschpartner in Leipzig. Er ruft dich an und erzählt begeistert von seiner Stadt. Mach Notizen.

der alte Markt
das Finanzamt
der Bahnhof
das Fußballstadion
die Thomaskirche
das Völkerschlachtdenkmal

das schönste Gebäude
das größte ...

B Lesetext.
Du hast noch viele Fragen. Du bekommst diese Informationen. Finde die Antworten auf deine Fragen.
1 Wie heißt Messe- und Handelstadt auf englisch?
2 Wie viele Einwohner hat Leipzig?
3 Wer war Leipzigs berühmtester Einwohner?
4 Was ist das Völkerschlachtdenkmal?
5 Was gibt es im Zoo zu sehen?

Foto: Markt zu Leipzig mit altem Rathaus
Lage 118 m ü.d.M., Einwohner 511.000, Vorwahl 0341

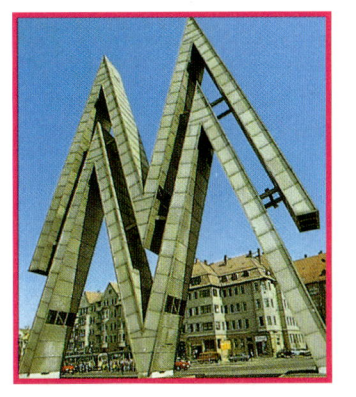

Foto: Eingang Messegelände

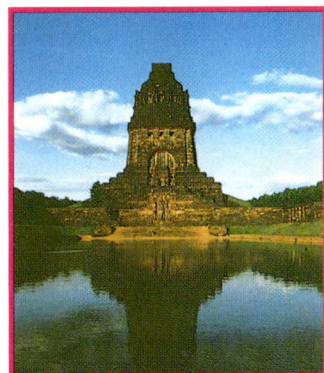

Foto: Völkerschlachtdenkmal

Foto: Der Leipziger Zoo wurde 1878 gegründet. Berberlöwen werden hier gezüchtet. Das Aquarium fasziniert durch die Farbenpracht.

Foto: Das Bachdenkmal vor der Thomaskirche.

LEIPZIGER STADTGESCHICHTE

Im Jahre **1409** wurde **die Leipziger Universität** gegründet. Im Jahre **1539** hielt in Leipzig **die Reformation** Einzug. **1723–1750** wirkte der Komponist **Johann Sebastian Bach** in der Thomaskirche. Im Jahre **1813** zog **Napoleon** sich mit dem Rest seiner Großen Armee aus Rußland zurück. **1989** machten die Montagsdemonstranten die ersten Schritte auf **die Einheit Deutschlands**.

Grammatik

This is a guide to the main areas of grammar in **Projekt Deutsch 3**, showing you how the German language works.

1 Nouns

i) A noun names a person, animal, place or thing. Every noun in German belongs to one of three groups – masculine (m), feminine (f) or neuter (n). These are called genders. The words used for *the* and *a* or *an* differ, depending on whether a word is masculine, feminine or neuter:

	m	f	n
the	der	die	das
a/an	ein	eine	ein

masculine	der/ein Elefant	*the/an elephant*
feminine	die/eine Giraffe	*the/a giraffe*
neuter	das/ein Pferd	*the/a horse*

ii) All nouns in German always start with a capital letter.

Choose a page in this book and see how many nouns you can find.

iii) Nouns can be singular (s) or plural (pl). In German there are different ways of making plurals, depending on the noun. Try to learn the plural as you use it. Note that **der**, **die**, and **das** all change to **die** in the plural. Plurals are given in brackets in dictionaries and word lists. Here are some examples:

word list		actual plural	
der Kuchen (-)	*cake*	**die Kuchen**	*cakes*
die Tasche (-n)	*bag*	**die Taschen**	*bags*
das Geschenk (-e)	*present*	**die Geschenke**	*presents*

Whenever you see an Umlaut (¨) indicated in the plural, learn where it goes:

| **das Haus (¨-er)** | *house* | **die Häuser** | *houses* |

Look at the word lists at the back of this book and work out some more plurals.

2 Pronouns

Pronouns are short words used instead of a noun. Here are the German pronouns used for people and things:

ich (with a small i)	*I*	**wir**	*we*
du	*you*	**ihr**	*you*
er/sie/es/man	*he/she/it/one*	**sie**	*they*
		Sie (with a capital S)	*you* (polite form)

Note that **du**, **ihr**, and **Sie** all mean *you*. Use the **du** form when you talk to one friend, a child, an animal, or an adult in your own family. **Ihr** is used in the same situation to talk to more than one friend, animal, or member of your family. **Sie**, always written with a capital S, is used when you talk to an adult or adults outside your own family in all formal and business situations.

Try to find an example of each in **Projekt Deutsch 3**.

In German the word **man** is often used. In English it means *one, you, they* or *we*:

Man soll eine Lederjacke tragen.   *You/one should wear a leather jacket.*

Note that **er** can mean *he* or *it*, **sie** can mean *she* or *it*, or *they*, and **es** means *it*.

You use the masculine pronoun **er** to replace a masculine noun. Note that you use **ihn** instead of **er** if the pronoun is replacing the object of a sentence:

Ich habe meinen Taschenrechner verloren.   *I have lost my calculator.*
Kannst du <u>ihn</u> beschreiben?   *Can you describe it?*
<u>Er</u> ist weiß und aus Plastik.   *It is white and made of plastic.*

You use the feminine pronoun **sie** to replace a feminine noun:

Ich habe meine Schultasche verloren.	*I have lost my schoolbag.*
Kannst du <u>sie</u> beschreiben?	*Can you describe it?*
<u>Sie</u> ist schwarz und aus Leder.	*It is black and made of leather.*

You use the neuter pronoun **es** to replace a neuter noun:

Ich habe mein Lineal verloren.	*I have lost my ruler.*
Kannst du <u>es</u> beschreiben?	*Can you describe it?*
<u>Es</u> ist braun und aus Holz.	*It is brown and made of wood.*

You use the plural pronoun **sie** for plural nouns:

Ich habe meine Eltern verloren.	*I have lost my parents.*
Kannst du <u>sie</u> beschreiben?	*Can you describe them?*
<u>Sie</u> sind ziemlich alt.	*They are fairly old.*

3 Cases: the subject and the object in a sentence

The subject of a sentence is the person or thing doing the verb. The subject is in the *nominative case*. The object of the sentence is the person or thing receiving the action of the verb. The object is usually in the *accusative case*.

subject	verb	object	
Susan	**kauft**	**ein Geschenk.**	*Susan is buying a present.*
Ich	**möchte**	**ein Stück Kuchen.**	*I would like a piece of cake.*
Ich	**besuche**	**keinen Zoo.**	*I won't visit any zoo.*
Ich	**habe**	**keine Zeit.**	*I have no time.*

Look carefully at the charts below. There are different endings to remember, depending on whether the word is masculine, feminine, or neuter and whether it is the subject or the object of the sentence:

subject (nominative)	m	f	n	pl
the	**der**	**die**	**das**	**die**
(not) a	**(k)ein**	**(k)eine**	**(k)ein**	**–/keine**
my	**mein**	**meine**	**mein**	**meine**
your	**dein**	**deine**	**dein**	**deine**
his	**sein**	**seine**	**sein**	**seine**
her	**ihr**	**ihre**	**ihr**	**ihre**
our	**unser**	**unsere**	**unser**	**unsere**
their	**ihr**	**ihre**	**ihr**	**ihre**
your	**Ihr**	**Ihre**	**Ihr**	**Ihre**

object (accusative)	m	f	n	pl
the	**den**	**die**	**das**	**die**
(not) a	**(k)ein<u>en</u>**	**(k)eine**	**(k)ein**	**–/keine**
my	**mein<u>en</u>**	**meine**	**mein**	**meine**
your	**dein<u>en</u>**	**deine**	**dein**	**deine**
his	**sein<u>en</u>**	**seine**	**sein**	**seine**
her	**ihr<u>en</u>**	**ihre**	**ihr**	**ihre**
our	**unser<u>en</u>**	**unsere**	**unser**	**unsere**
their	**ihr<u>en</u>**	**ihre**	**ihr**	**ihre**
your	**Ihr<u>en</u>**	**Ihre**	**Ihr**	**Ihre**

4 Adjectives

An adjective describes a noun. Here are some adjectives used in **Projekt Deutsch 3**:

klein	*small*	**nervös**	*nervous*	**lustig**	*funny*
freundlich	*friendly*	**sportlich**	*sporty*	**gefährlich**	*dangerous*

i) When the adjective stands alone there is no ending:

Mein Haus ist <u>klein</u>.	*My house is small.*
Sein Bruder ist <u>nett</u>.	*His brother is nice.*
Er ist ziemlich <u>groß</u> und <u>gefährlich</u>.	*He's rather big and dangerous.*
Sein Gesicht ist <u>blaß</u>.	*His face is pale.*
Seine Augen sind <u>rot</u>.	*His eyes are red.*

Look through **Projekt Deutsch 3** and find some more examples.

ii) When the adjective comes before the noun it takes an ending. Look at the table below to see which ending is needed.

subject (nominative case)		object (accusative case)	
der rot<u>e</u> Planet	the red planet	den erst<u>en</u> Blick	the first look
die unendlich<u>e</u> Geschichte	the never-ending story	die richtig<u>e</u> Nummer	the correct number
das süß<u>e</u> Ferkelein	the sweet little piglet	das türkisch<u>es</u> Mädchen	the Turkish girl
die ander<u>en</u> Gruppen	the other groups	die ander<u>en</u> Jungen	the other boys
ein gut<u>er</u> Kumpel	a good friend	einen lang<u>en</u> Schwanz	a long tail
eine toll<u>e</u> Geburtstagsidee	a great birthday idea	eine neue Identität	a new identity
ein jung<u>es</u> Mädchen	a young girl	ein energiesparend<u>es</u> Haus	an energy-saving house
keine neu<u>en</u> Gebäude	no new buildings	keine alt<u>en</u> Gebäude	no old buildings

iii) Possessive adjectives are used with a noun to show who it belongs to:

mein	my
dein	your
sein	his
ihr	her
unser	our
euer	your
ihr	their
Ihr	your

<u>Sein</u> Freund heißt Karl. <u>Sein</u> Haar ist kurz.
His friend is called Karl. His hair is short.

<u>Seine</u> Freundin hat braune Augen. <u>Ihr</u> Haar ist blond.
His girlfriend has brown eyes. Her hair is blond.

The ending changes, depending on whether the noun being described is masculine, feminine or neuter:

mein Kopf (m);   **mein Knie** (n);   **meine Hand** (f);   **meine Augen** (plural)

It also depends on whether the noun is the *object* or the *subject* of the sentence. Look at the table in section 3 on cases for more details. Possessive adjectives (**mein, dein, sein**, etc.) and **kein** follow the same pattern as **ein, eine, ein**, etc.

iv) Whenever a town is used as an adjective, for example *the Cologne cathedral*, the German name for the town adds **-er** to the front of the noun. This never changes:

der Kölner Dom   *Cologne cathedral*
das Leipziger Informationsamt   *the Leipzig information office*

v) When making comparisons, you can use the comparative form, for example: *bigger, older*, etc. and the superlative form, for example: *biggest, oldest*, etc. This table shows how to use adjectives to make comparisons in German:

adjective	comparative	superlative
schön	schöner	der/die/das schönste ...
klein	kleiner	der/die/das kleinste ...
teuer	teuerer	der/die/das teuerste ...
alt	älter	der/die/das älteste ...
groß	größer	der/die/das größte ...

das schönste Gebäude	the most beautiful building
der größte Bahnhof	the largest station
die teuerste Stadt	the most expensive town
das berühmteste Schloß	the most famous castle
die herrlichsten Aussichten	the most splendid views

Some vowels take an extra Umlaut in the comparative and superlative forms.

When used as an adjective directly before a noun, comparative and superlative forms add on the appropriate ending:

Leipzig hat den größten Bahnhof in Deutschland.
Leipzig has the largest railway station in Germany.

5 Prepositions

Prepositions are words like for, at, in, to. They can tell us where a person or object is positioned, for example, on, in, above, next to, in front of. In German prepositions are always followed by a particular case (see section 4), according to set rules. Note that it is never the nominative (subject) case.

i) These prepositions are always followed by the accusative case:

durch	through
für	for
gegen	against, for (an illness)
ohne	without
um	around

... für meinen Bruder.
... for my brother.
Ich spare für meine Ferien.
I am saving for my holidays.
Haben Sie etwas gegen Heuschnupfen?
Have you anything for hayfever?

Now look through this book and see if you can find some examples of your own.

ii) These prepositions are always followed by another case, the dative case:

aus	out of, from
bei	at __'s house
gegenüber	opposite
mit	with
nac	after, to
seit	since
von	from, of
zu	to

Dein Badetuch ist hinter der Tür.
Your bath towel is behind the door.

Die Zoo-Schule ist vor der Bushaltestelle.
The zoo school is in front of the bus stop.

Wie komme ich zum Museum?
How do I get to the museum?

Note these shortened forms: zu dem → zum   zu der → zur

dative	m	f	n	pl
the	dem	der	dem	den (+ -n on end of noun)
(not) a	(k)einem	(k)einer	(k)einem	–

iii) These prepositions are sometimes followed by the dative and sometimes followed by the accusative case. When these prepositions tell us where something is, i.e. the *fixed position*, they are followed by the dative case. When they indicate *movement*, they are followed by the accusative case.

preposition	meaning(s) with dative	meaning(s) with accusative
an	at, on	up to, over to, on to
auf	on	on to
hinter	behind	(go) behind
in	in	into
neben	near, next to	(go) beside, next to
über	above/over	(go) over/across
unter	under	(go) under
vor	in front of	(go) in front of
zwischen	between	(go) between

Note these shortened forms: in dem → im   in das → ins   an dem → am

Here are some examples using the dative case to indicate a *fixed* position:

Die Tiger sind hinter dem Restaurant.   *The tigers are behind the restaurant.*

Sprudel gibt's im Kuhlschrank.   *There's fizzy mineral water in the fridge.*

Here are some examples using the accusative case to indicate *movement*:

Ich gehe in die Stadt.   *I'm going into town.*

Ich bin ins Restaurant gegangen.   *I went to the (a) restaurant.*

6 Verbs

A verb is an action word, for example: **kaufen, besuchen, fahren**. The ending on the verb changes depending on *who* does the action. The tense of the verb tells us *when* the action takes place, for example, now in the present – present tense, or later on in the future – future tense, or in the past – past tense. Each tense has a different pattern of endings.

infinitive:	**machen**	*to do/make*
present tense:	**Was machst du?**	*What are you doing?*
future tense:	**Was wirst du machen?**	*What will you do?*
past tense:	**Was hast du gemacht?**	*What have you done?/What did you do?*

7 The present tense

The present tense describes what someone is doing at that moment or what someone does regularly (for example, every day). In English we can say this in two ways, but in German only in one way:

Wir lernen Deutsch. *We learn German./We are learning German.*

i) Regular verbs. These always follow the same pattern:

infinitive	kauf**en** *to buy*	find**en** *to find*	mach**en** *to make/do*
ich	kauf**e**	find**e**	mach**e**
du	kauf**st**	find**est**	mach**st**
er/sie/es	kauf**t**	find**et**	mach**t**
wir	kauf**en**	find**en**	mach**en**
ihr	kauf**t**	find**et**	mach**t**
sie	kauf**en**	find**en**	mach**en**
Sie	kauf**en**	find**en**	mach**en**

Can you work out the pattern for **spielen** (*to play*)?

ii) Irregular verbs. In the present tense, irregular verbs make changes in the **du** and **er/sie/es** form. Here are four types of irregular verb:

infinitive	**fahren** *to travel*	**helfen** *to help*	**sehen** *to see*	**nehmen** *to take*
ich	fahre	helfe	sehe	nehme
du	fährst	hilfst	siehst	nimmst
er/sie/es	fährt	hilft	sieht	nimmt
	a → ä	e → i	e → ie	eh → im

iii) Two very important irregular verbs which you need to know are **haben** (*to have*) and **sein** (*to be*). Here are their present tense forms:

haben	*to have*	**sein**	*to be*
ich habe	*I have*	ich bin	*I am*
du hast	*you have*	du bist	*you are*
er/sie/es hat	*he/she/it has*	er/sie/es ist	*he/she/it is*
wir haben	*we have*	wir sind	*we are*
ihr habt	*you have*	ihr seid	*you are*
sie haben	*they have*	sie sind	*they are*
Sie haben	*you have*	Sie sind	*you are*

You'll also find these two verbs in the information box on page 14. How many more examples of these verbs can you find on pages 14–15?

iv) **Modal verbs.** This is the name given to a group of six verbs which can be added to a sentence to tell us more about other verbs. They are all irregular but follow a pattern. These verbs are very useful. Here are some examples:

dürfen	Ich <u>darf</u> ins Kino gehen.	*I may/am allowed to go to the cinema.*
können	Er <u>kann</u> springen.	*He can/is able to jump.*
mögen	Was ich gern <u>mag</u>.	*What I like.*
müssen	Ich <u>muß</u> fleißiger arbeiten.	*I must/have to work harder.*
sollen	Ich <u>soll</u> feste Schuhe tragen.	*I should wear strong shoes.*
wollen	Was <u>wollt</u> ihr machen?	*What do you want to do?*

Can you find some more examples of your own?

The modal verb leads to a second verb at the end of the sentence, in the infinitive:

Ich muß   am Dienstag   **arbeiten.**
modal verb   second verb in the infinitive

Here are the present tense forms of the modal verbs:

	dürfen	können	mögen	müssen	sollen	wollen
	(allowed to)	(can, able to)	(like)	(must, have to)	(should)	(want to)
ich	darf	kann	mag	muß	soll	will
du	darfst	kannst	magst	mußt	sollst	willst
er/sie/es	darf	kann	mag	muß	soll	will
wir	dürfen	können	mögen	müssen	sollen	wollen
ihr	dürft	könnt	mögt	müßt	sollt	wollt
sie	dürfen	können	mögen	müssen	sollen	wollen
Sie	dürfen	können	mögen	müssen	sollen	wollen

v) **Separable verbs** are shown in the word lists with the separable part in bold:

abfahren   *to depart*   **an**kommen   *to arrive*   **auf**stehen   *to get up*

Look through the word lists at the back of this book and find more examples.

In the present tense the first part, or *prefix* (**ab**, **an**, **ein**, **auf**, etc.) separates and goes to the end of the sentence or clause. For example:

Der Zug <u>fährt</u> um 10 Uhr <u>ab</u>.   *The train departs at 10 o'clock.*

Wann <u>kommt</u> der Zug in Frankfurt <u>an</u>?   *When does the train arrive in Frankfurt?*

If a modal verb is used in the same sentence, a separable verb joins back together at the end of the sentence in the infinitive form:

Ich muß so früh <u>auf</u>stehen!   *I have to get up so early!*

vi) **Reflexive verbs.** Reflexive verbs are used to give the idea of *myself, yourself, him/herself,* etc. You need to use an extra 'reflexive' pronoun – **mich**, **dich**, etc. with these verbs. In a word list, the infinitive of a reflexive verb always has **sich** before it. Here are some common reflexive verbs:

sich duschen	*to have a shower*	sich setzen	*to sit down*
sich freuen	*to be pleased*	sich waschen	*to wash oneself*

In the present tense, the reflexive forms are as follows:

ich wasche mich	*I wash myself*	wir waschen uns	*we wash ourselves*
du wäscht dich	*you wash yourself*	ihr wascht euch	*you wash yourselves*
er/sie/es wäscht sich	*he/she/it washes him/her/itself*	sie waschen sich	*they wash themselves*
		Sie waschen sich	*you wash yourself*

8 The future tense

The future tense describes what someone will do or is going to do. There are two ways in German of talking about the future.

i) We can use the present tense with an expression of time telling us when it is going to happen. For example:

Ich fahre <u>morgen</u> nach Bonn.	*I'm going to Bonn tomorrow.*
Der Zug fährt <u>in 20 Minuten</u> ab.	*The train leaves in 20 minutes.*
Gehen wir <u>nächste Woche</u> ins Kino?	*Shall we go to the cinema next week?*

Look through pages 60–71 and make a list of your own examples.

ii) The true future tense is formed by using part of the verb **werden**, plus an infinitive which goes at the end of the sentence:

Ich <u>werde</u> morgen nach Berlin <u>fahren</u>. *I will travel to Berlin tomorrow.*

Der Zug <u>wird</u> in 20 Minuten <u>abfahren</u> *The train will leave in 20 minutes.*

<u>Werden</u> wir nächste Woche ins Kino <u>gehen</u>? *Will we be going to the cinema next week?*

> ich werde   morgen nach Bonn   fahren.
> du wirst
> er/sie/es wird
> wir werden   nächste Woche ins Kino   gehen.
> ihr werdet
> sie werden   in 20 Minuten   abfahren.
> Sie werden

9 The past tense

There are two types of past tense in German, the *perfect* and the *imperfect* tense. In **Projekt Deutsch 3** you usually need to know the perfect tense. It is the form of the past tense that you normally use for speaking and for writing letters.

i) The *perfect* tense
a) Regular verbs. There are two parts to these verbs in the past tense: a part of the verb **haben** plus a past participle at the end of the sentence – a word starting with **ge-** and ending with **-t**, for example: **gesagt, gespielt, gekauft, gemacht, gehört**. In the examples here and below the past participles are underlined.

Was hast du <u>gemacht</u>?	*What did you do?*
Ich habe Fußball <u>gespielt</u>.	*I have played/I played tennis.*
Ich habe Innsbruck <u>besucht</u>.	*I visited Innsbruck.*

b) Irregular verbs with **haben**. There are still two parts to these verbs in the past tense: part of the verb **haben** plus an irregular past participle at the end of a sentence ending in **-en**, for example: **gegessen, getrunken, gesehen**:

Ich habe Eis <u>gegessen</u>.	*I have eaten/I ate an ice-cream.*
Was hast du <u>gesehen</u>?	*What did you see?*

c) Irregular verbs with **sein**. These work in a similar way to the verbs in section b but they use parts of the verb **sein** instead of **haben**. This group usually includes verbs of movement or change of state.

Ich bin nach Wien <u>gefahren</u>.	*I went to Vienna.*
Ich bin ins Kino <u>gegangen</u>.	*I went to the cinema.*
Sie ist krank <u>geworden</u>.	*She has become ill.*
Ihr seid am gleichen Tag <u>geboren</u>!	*You were born on the same day!*

Note this exception:
Ich bin zu Hause <u>geblieben</u>. *I stayed at home.* (no movement or change of state)

ii) The *impefect* tense

This is also used to describe events in the past, in particular to relate a story or a past event. Written accounts, stories and reports are usually in the imperfect tense. Some very common verbs are also used in the imperfect instead of the perfect tense. These are **haben**, **sein**, and the modal verbs.

	haben	sein	wollen
ich	hatte	war	wollte
du	hattest	warst	wolltest
er/sie/es	hatte	war	wollte
wir	hatten	waren	wollten
ihr	hattet	wart	wolltet
sie	hatten	waren	wollten

Wo warst du? *Where were you?*
Ich war in Österreich. *I was in Austria.*

Choose a text from the **Zum Lesen** section and pick out examples of the past tense. Are the examples in the *perfect* or the *imperfect*? Make a list in two columns.

10 Giving commands

i) This form of the verb is used to give one or more people a clear instruction. To talk to a child, friend or close member of the family use the **du** form without the **du** and 'st' ending:

schreiben (*to write*) → **du schreibst** → **schreib**

Schreib einen Steckbrief. *Write a personal profile.*

ii) To talk to a group of children or friends use the **ihr** form without the **ihr**:

machen (*to do*) → **ihr macht** → **macht**

Macht eure Hausaufgaben. *Do your homework.*

iii) To talk to an adult or stranger use the **Sie** form and start with the verb:

nehmen (*to take*) → **Sie nehmen** → **Nehmen Sie**

Nehmen Sie diese Tabletten. *Take these tablets.*

iv) Sometimes the infinitive of the verb is used for instructions:

6 Eier und 2 Eßl. Wasser schlagen. *Beat 6 eggs and 2 dessert spoonfuls of water.*

Den Tortenboden auskühlen lassen. *Allow the cake base to cool.*

11 Negatives

The word **nicht** means *not*:

Ich gehe nicht. *I'm not going.*
Das Wetter war nicht schlecht. *The weather was not bad.*

The word **kein(e)** means *no, not a, not any*. It is always followed by a noun. **Kein(e)** follows the pattern of **ein(e)**:

Ich habe keinen Bruder. *I do not have/I haven't got a brother.*
Ich habe keine Schwester. *I haven't got a sister.*
Ich habe kein Haustier. *I do not have a pet.*

The word **nichts** means *nothing*, or *not anything*:

Ich habe nichts gekauft. *I did not buy anything./I have not bought anything.*

There are more examples on pages 25, 41, 42 and 62. Can you find them?

12 Word order

i) The position of the verb. The verb is usually the second 'idea' in the sentence. Sometimes it is the actual second word, but not always:

(1) (2)
Ich heiße Martin. *I am called Martin./My name is Martin.*

(1) (2)
Als Souvenir habe ich einen Teller gekauft. *I bought a plate as a souvenir.*

(1) (2)
Am Montag bin ich nach Wien gefahren. *I went to Vienna on Monday.*

ii) Time, manner, place. When a sentence has several ideas in it, the order of the different parts is 'time, manner, place' or '**wann, wie, wohin?**'. Look at these examples. Remember the verb is still the second idea:

(1)	(2)	(time/**wann?**)	(manner/**wie?**)	(place/**wohin?**)
Ich	fahre	im Sommer	mit dem Zug	nach München.
Ich	fliege	im Januar		in die Schweiz.
Ich	fahre	im August	mit dem Auto	nach Frankreich.
Ich	darf	nächstes Jahr	zu Fuß	zur Schule gehen.
Ich	bin	gestern	mit der U-Bahn	in die Stadtmitte gefahren.

iii) When you use **weil** (*because*) it sends the verb to the end of the sentence:

Warum wählst du Fremdsprachen? **Weil ich sie gern lerne.**
Why are you choosing foreign languages? *Because I like learning them.*

Warum machst du Musik? **Weil ich ein Instrument spiele.**
Why are you doing music? *Because I play an instrument.*

iv) If a modal verb is used, the second verb in the infinitive goes to the end:

Ich muß heute abend in der Küche helfen.

v) With separable verbs, the prefix separates and goes to the end of the sentence:

Ich stehe jeden Tag um 7 Uhr auf.

vi) In the perfect tense, the past participle goes to the end because the auxiliary verb counts as the second 'idea' in the sentence. For example:

Ich habe meine Oma im Krankenhaus besucht.

13 Question forms

i) To form questions requiring a **ja/nein** answer, put the verb at the beginning of the sentence. For example:

Haben Sie eine Seife? *Do you have any soap?*
Hast du Haustiere? *Have you got any pets?*

ii) To form questions requiring more information in the answer, use the following question words at the beginning of the sentence followed by the verb:

Wann?	*When?*	**Wie?**	*How?*
Wo?	*Where?*	**Wer?**	*Who?*
Warum?	*Why?*	**Was?**	*What?*
Wie lange?	*How long?*	**Was für?**	*What kind of?*
Wieviel?	*How much? How many?*	**Welche/r/s?**	*Which?*
Wie viele?	*How many?*	**Wofür?**	*What ... for?*

Wann beginnt der Film? *When does the film begin?*
Warum muß ich zu Hause bleiben? *Why must I (do I have to) stay at home?*

WORTLISTE

A

ab und zu *sometimes, now and then*
der Abend (-e), abends *evening, in the evening*
das Abendessen *evening meal*
der Abenteuerfilm (-e) *adventure film*
aber *but*
abfahren *to depart*
die Abfahrt (-en) *departure*
der Abfall (¨-e) *rubbish*
abgekühlt *cooled down*
abholen *to collect*
abnehmen *to diet, to take off*
die Abteilung (-en) *department*
abwählen *to drop a subject*
die Adresse (-n) *address*
der Affe (-n) *monkey*
Afrika *Africa*
die Aktion (-en) *campaign*
aktiv *active*
allergisch *allergic*
allerlei *all sorts of*
alles *everything*
die Alpen *the Alps*
der Alptraum (¨-e) *nightmare*
alt *old*
das Alu *foil*
Amerika *America*
die Ananas (-) *pineapple*
andere *others*
angeln *to fish*
angenehm *pleasant*
die Angst (¨-e) *fear*
Angst haben *to be afraid*
anhaben *to wear*
ankommen *to arrive*
die Ankunft (¨-e) *arrival*
anmachen *to flirt with*
anrufen *to telephone*
anschalten *to switch on*
die Anschrift (-en) *address*
der Anspitzer (-) *sharpener*
antworten *to answer*
der Anwalt (¨-e) *lawyer*
anziehen *to put on*
der Apfel (¨-) *apple*
die Apotheke (-n) *dispensing chemist's*
die Arbeit *work*
arbeiten *to work*
arm *poor*
der Arm (¨-e) *arm*
aromatisch *aromatic*
die Arroganz *arrogance*
die Art (-en) *type*
Asien *Asia*
auch *also, too, as well*
auf *on*
auf Wiedersehen *good bye*
der Aufkleber (-) *sticker*
aufpassen *to look after*
aufpumpen *to pump up*
aufräumen *to tidy up*
aufsetzen *to put on*
aufspüren *to sniff out*
aufstehen *to get up*
das Auge (-n) *eye*
die Augenfarbe *colour of eyes*
aus *from*
ausbreiten *to spread*
der Ausflug (¨-e) *outing*
ausfüllen *to fill out*
der Ausgang (¨-e) *exit*
ausgezeichnet *excellent*
ausrechnen *to work out*
die Ausrede (-n) *excuse*
ausreichend *adequate*
aussehen *to look like*
außer *apart from*
außerdem *in addition*
die Ausstellung (-en) *exhibition*

der Austausch *exchange*
der (die) Austauschpartner(in) *exchange partner*
Australien *Australia*
austreten *to tread out*
das Auto (-s) *car*

B

backen *to bake*
der Bäcker (-) *baker*
die Bäckerei (-en) *baker's*
der Badeanzug (-anzüge) *swimsuit*
das Badetuch (¨-er) *towel*
das Badezimmer (-) *bathroom*
die Bahn (-en) *rail(way)*
der Bahnhof (¨-e) *station*
die Bahnhofsmission *railway mission*
bald *soon*
die Banane (-n) *banana*
die Bank (-en) *bank*
der Bär (-en) *bear*
der Bart (¨-e) *beard*
basteln *to make*
der Bauch (¨-e) *stomach*
bauen *to build*
die Baumwolle *cotton*
beantworten *to answer*
bedanken, sich bedanken *to thank*
befestigen *to fasten*
befriedigend *satisfactory*
beginnen *to begin*
bei Erich *at Erich's house*
beide (ihr beiden) *both*
das Bein (-e) *leg*
bekannt *well known*
bekommen *to receive, to get*
belegt *covered*
belegtes Brot *open sandwich*
Belgien *Belgium*
beliebt *popular*
bellen *to bark*
bemalen *to paint*
benutzen *to use*
bereiten *to prepare*
der Berg (-e) *mountain*
der Bericht (-e) *report*
der Berliner *doughnut*
der Beruf (-e) *profession*
berühmt *famous*
beschriften *to describe*
besonders *especially*
bestehen aus *to consist of*
die Besteigung (-en) *ascent*
bestimmt *certainly*
bestreichen *to cover*
besuchen *to visit*
das Bett (-en) *bed*
der Bettler (-) *beggar*
der Beutel (-) *bag*
bevor *before*
bewachen *to guard*
die Bewegung (-en) *movement*
Bienenstich *cake topped with sugar and almonds*
das Bier *beer*
billig *cheap*
das Bild (-er) *picture*
der Bildschirm *screen*
bin, ich bin *I am*
bis *until*
bist, du bist *you are*
bitte *please*
bitte schön *don't mention it*
blaß *pale*
das Blatt (¨-er) *sheet, leaf*
blau *blue*
bleiben *to stay*
der Bleistift (-e) *pencil*
der Blick (-e) *glance/view*
blitzen *to flash with lightning*

blöd *stupid*
die Blume (-n) *flower*
der Blumenkohl *cauliflower*
die Bluse (-n) *blouse*
bluten *to bleed*
die Bohnen *beans*
das Bonbonpapier (-e) *sweet paper*
brauchen *to need*
braun *brown*
brav *good*
die Bremse (-n) *brake*
brennend *burning*
der Brief (-e) *letter*
der Brieffreund (-e) *penfriend (m)*
die Brieffreundin (-nen) *penfriend (f)*
die Briefmarke (-n) *stamp*
die Brille *glasses*
bringen *to bring*
das Brot *bread*
das Brötchen (-) *bread roll*
der Bruder (¨-) *brother*
das Buch (¨-er) *book*
der Bungalow (-s) *bungalow*
bunt *colourful*
der Büroarbeiter (-) *office worker*
der Bus (-se) *bus*
die Bushaltestelle (-n) *bus stop*
die Butter *butter*
das Butterbrot (-e) *sandwich*

C

die Campingartikel *camping equipment*
der Campingbus (-se) *campervan*
der Campingplatz (¨-e) *campsite*
der CD Spieler (-) *CD player*
die Chips *crisps*
die Chipstüte (-n) *crisp packet*
die Clique (-n) *group of friends*
die Cola *coca cola*
der Computer (-) *computer*
der Cousin (-s) *cousin (m)*
die Cousine (-n) *cousin (f)*

D

da, dahin *there*
dabei *with you*
danach *after that*
Dänemark *Denmark*
danke (schön) *thank you (very much)*
dann *then*
darf ich ...? *may I ... ?*
dauern *to last*
dazu *with it*
der Deckel (-) *lid*
dekorieren *to decorate*
Deutsch, auf deutsch *German, in German*
Deutschland *Germany*
der Diebstahl (¨-e) *theft*
die Disco (-s) *disco*
die Diskette (-n) *disk*
der Dom (-e) *cathedral*
donnern *to thunder*
doof *stupid*
das Doppelhaus (¨-er) *semi-detached house*
das Dorf (¨-er) *village*
die Dose (-n) *can*
draußen *outside*
der Dreck *mess*
dreh dich um! *turn round!*
das Dreiecktuch *triangular bandage*
dritte *third*
der Drucker (-) *printer*
dumm *stupid*
dunkel *dark*
durch *through, divided by*
durchschneiden *to cut through*
dürfen *to be allowed to (may)*

107

Durst haben *to be thirsty*
die Dusche (-n) *shower*
duschen, sich duschen *to have a shower*

E

egal *don't mind*
das Ei (-er) *egg*
das Eichhörnchen (-) *squirrel*
eigen *own/separate*
einfach *single, simple*
das Einfamilienhaus (¨-er) *detached house*
der Eingang (¨-e) *entrance*
die Eingangshalle (-n) *entrance hall*
der Einkaufsbummel (-) *shopping trip*
das Einkaufszentrum (-ren) *shopping centre*
einladen *to invite*
die Einladung (-en) *invitation*
die Einleitung *introduction*
einmal zum/zur *once, one (ticket) to*
einordnen *to sort*
einrühren *to stir in*
einsam *lonely*
einschalten *to switch on*
einschlafen *to fall asleep*
einsehen *to recognize*
einsperren *to lock up*
einstreuen *to sprinkle in*
eintippen *to word process, to type in*
der Eintopf (¨-e) *stew*
die Eintrittskarte (-n) *entrance ticket*
das Einzelkind *only child*
das Eis (-) *ice-cream*
der Eisbecher (-) *ice-cream sundae*
das Eiscafé (-) *ice-cream parlour*
Eislaufen *iceskating*
das Eisstadion (-ien) *ice stadium*
ekelhaft *horrible*
der Elefant (-en) *elephant*
die Eltern *parents*
empfehlen *to recommend*
empfinden *to feel*
enden *to end, finish*
eng *narrow, tight*
England *England*
Englisch, auf englisch *English, in English*
enorm *enormous*
die Entdeckung (-en) *discovery*
entgegenwirken *to counteract*
entschuldigen Sie *excuse me*
Entschuldigung *sorry!*
er *he, it*
das Erbe *inheritance*
die Erbse (-n) *pea*
der Erdapfel (Aust.) *potato*
die Erdbeere (-n) *strawberry*
Erde *Earth*
das Erdgeschoß *ground floor*
Erdkunde *geography*
die Erdnuß (¨-sse) *peanut*
erfrischend *refreshing*
erkennen *to recognize*
erlauben *to allow*
erreichen *to reach*
der Ersatz (¨-e) *substitute*
erschrecken *to frighten*
erste *first*
erzogen, gut erzogen *well brought up*
es *it*
der Esel (-) *donkey*
essen *to eat*
der Essig *vinegar*
das Eßzimmer (-) *dining room*
etwa *roughly, about*
etwas *something*
Europa *Europe*

F

fabelhaft *amazing*
die Fahne (-n) *flag*
fahren *to travel*
die Fahrkarte (-n) *ticket*
der Fahrkartenschalter (-) *ticket counter*
der Fahrplan (¨-e) *timetable*
das Fahrrad (¨-er) *bicycle*
fallen *to fall*
fallen lassen *to drop*
falsch *wrong*
falten *to fold*
die Familie (-n) *family*
fangen *to catch*
fantastisch *fantastic*
die Farbe (-n) *colour, paint*
farbig *colourful*
fast *almost*
fasten *to fast*
faul *lazy*
fehlen *to be missing*
feiern *to celebrate*
fein *fine*
der Feind (-e) *enemy*
das Feld (-er) *field, square (of a game)*
das Fenster (-) *window*
die Ferien *holidays*
fernsehen *to watch television*
das Fernsehen *television*
fertig *ready, finished*
das Fest (-e) *party, festival*
festhalten, sich festhalten *to hold on tight*
die Festung *fortress*
die Fete (-n) *party*
das Feuer (-) *fire*
die Feuerwehr *fire brigade*
das Fieber *fever*
der Film (-e) *film*
der Filzstift (-e) *felttip*
finden *to find*
der Finger (-) *finger*
der Fisch (-e) *fish*
die Fisiolen (Aust.) *runner beans*
die Flasche (-n) *bottle*
das Fleisch *meat*
die Fleischerei (-en) *butcher's*
fleißig *hardworking*
das Flickzeug *repair kit*
fliegen *to fly*
der Floh (¨-e) *flea*
das Flugblatt (¨-er) *leaflet*
das Flugzeug (-e) *aeroplane*
folgen *to follow*
die Folie *cling-wrap plastic/foil*
die Forelle (-n) *trout*
das Formular (-e) *form*
die Fortsetzung (-en) *continuation*
das Foto (-s) *photo*
das Fotoalbum (-alben) *photo album*
der Fotoapparat (-e) *camera*
die Frage (-n) *question*
fragen *to ask*
der Franken (-) *Franc (Swiss currency)*
Frankreich *France*
Französisch *French*
die Frau (-en) *woman, Mrs, Ms*
frech *cheeky*
frei *free*
fressen *to eat (for animals)*
freuen, sich freuen auf *to look forward to*
freuen, sich freuen *to be happy*
der Freund (-e) *friend (m)*
der Freundeskreis (-e) *circle of friends*
die Freundin (-nen) *friend (f)*
freundlich *friendly*
frieren *to freeze*
das Friesbild (-er) *frieze*
frisch *fresh*
die Frisur (-en) *hairstyle*

froh *happy*
frohe Ostern *happy Easter*
frohe Weihnachten *happy Christmas*
fröhlich *merry, merrily*
der Frosch (¨-e) *frog*
früh *early*
der Frühling *Spring*
das Frühstück *breakfast*
führen *to lead*
die Füllung *filling*
das Fundbüro (-s) *lost property office*
funktionieren *to work*
für *for*
der Fuß (¨-ße), zu Fuß *foot, on foot*
Fußball *football*

G

der Gang (¨-e) *gear*
die Gans *goose*
ganz *whole*
gar nicht *not at all*
der Garten (¨-) *garden*
geben *to give*
der Geburtsort *place of birth*
der Geburtstag (-e) *birthday*
das Gedicht (-e) *poem*
gefährlich *dangerous*
gefallen *to like*
gefällt, es gefällt mir *I like it*
gegen *against*
gehen *to go*
gehören *to belong to*
(es) geht mich an *(it) concerns me*
gelb *yellow*
das Geld *money*
der Geldautomat (-en) *cash dispenser*
der Geldbeutel (-) *purse*
gemein *mean*
genau *exactly, just*
genießen *to enjoy*
genug *enough*
gerade *right now*
geradeaus *straight on*
das Gericht (-e) *dish*
das Geschäft (-e) *shop*
die Geschäftsleute *business people*
das Geschenk (-e) *present*
die Geschichte (-n) *story, history*
geschmeidig *soft*
geschnitten *chopped*
geschwind *quick, quickly*
die Geschwister *brothers and sisters*
das Gesicht (-er) *face*
gestreift *striped*
das Getränk (-e) *drink*
die Getränketüte (-n) *drink container*
das Gewicht (-e) *weight*
gewinnen *to win*
die Giraffe (-n) *giraffe*
die Gitarre (-n) *guitar*
das Glas (¨-er) *glass*
glatt *straight*
glauben *to believe*
gleich *same*
gleich *straight away*
das Gleichgewicht *balance*
das Gleis (-e) *platform*
die Glocke (-n) *bell*
das Glück *luck*
glücklich *happy*
der Glückwunsch (¨-e) *greeting*
Golf *golf*
das Gras *grass*
gratulieren *to congratulate*
grau *grey*
Griechenland *Greece*
grillen *to barbecue*
die Grillparty (-s) *barbecue*
der Groschen (-) *Groschen (Aust. currency)*
groß *big*
Großbritannien *Great Britain*

die Größe *height*	im (= in dem) *in the*	der Knochen (-) *bone*
die Großeltern *grandparents*	Informatik *IT (information technology)*	der Knopf ("-e) *botten*
die Großmutter (-mütter) *grandmother*	die Information (-en) *information*	kochen *to boil*
der Großvater (-väter) *grandfather*	individualistisch *individualistic*	der Kocher (-) *camping stove*
grün *green*	insgesamt *altogether*	der Koffer (-) *suitcase*
gruselig *creepy, frightening*	das Instrument (-e) *instrument*	der Kohl (-e) *cabbage*
das Gummiband ("-er) *rubber band*	intellektuell *intellectual*	Kohlendioxid *carbon dioxide*
der Gürtel (-) *belt*	intelligent *intelligent*	komisch *peculiar, odd*
der Guß *topping*	interessant *interesting*	kommen *to come*
gut *good, well*	Irland *Eire*	kommen Sie herein! *come in!*
	Italien *Italy*	die Komödie (-n) *comedy*
H		komponieren *to compose*
das Haar (-e) *hair*	**J**	die Konditorei (-en) *cakes hop*
habe, ich habe *I have*	die Jacke (-n) *jacket*	der König (-e) *king*
das Hähnchen *chicken*	das Jahr (-e) *year*	die Königin (-nen) *queen*
halb *half*	die Jahreszeit (-en) *season*	können *to be able to (can)*
halb acht *half past seven*	die Jeans *jeans*	der Kopf ("-e) *head*
die Hälfte (-n) *half*	jeden Tag *every day*	der Kopfsalat *green salad*
hallo *hello*	jetzt *now*	die Kopfschmerzen *headache*
der Hals ("-e) *throat*	der Joghurt (-s) *joghurt*	die Kopie (-n) *copy*
halten für *to think*	die Jugendherberge (-n) *youth hostel*	der Korb ("-e) *rubbish bin, basket*
die Haltestelle (-n) *(bus) stop*	der Jugendklub (-s) *youth club*	kosten *to cost*
das Hammelfleisch *mutton*	jung *young*	das Krankenhaus ("-er) *hospital*
der Hamster (-) *hamster*	der Junge (-n) *boy*	der Krankenpfleger *nurse (m)*
die Hand ("-e) *hand*		die Krankenschwester (-n) *nurse (f)*
das Handrührgerät (-e) *hand whisk*	**K**	kratzen *to scratch*
der Handschuh (-e) *glove*	der Kaffee *coffee*	die Krawatte (-n) *tie*
das Häppchen (-) *canapé, party nibble*	der Kakao *drinking chocolate*	der Krieg (-e) *war*
der Hase (-n) *hare*	das Kalbfleisch *veal*	die Küche (-n) *kitchen*
häßlich *ugly/nasty*	der Kalender (-) *calendar*	der Kuchen (-) *cake*
hast, du hast *you have*	kalt *cold*	die Kuhglocke (-n) *cowbell*
die Hauptstadt ("-e) *capital town/city*	die Kälte *the cold*	kühl *cool*
das Haus ("-er) *house*	das Kamel (-e) *camel*	der Kühlschrank ("-e) *fridge*
die Hausarbeit (-en) *housework*	kämpfen *to fight*	der Kuli (-s) *biro*
die Hausaufgabe (-) *homework*	das Kaninchen (-) *rabbit*	kümmern, sich kümmern um *to care for*
Hause, zu Hause *at home*	die Kantine *canteen*	Kunst *art*
die Hausnummer (-n) *house number*	der Karfiol (Aust.) *cauliflower*	die Kurve (-n) *bend*
das Haustier (-e) *pet*	Karneval *carnival*	kurz *short*
das Heft (-e) *exercise book*	die Karotte (-n) *carrot*	das Kuscheltier (-e) *soft toy*
das Heimweh *homesickness*	die Karte (-n) *card/ticket*	die Küste (-n) *coast, seaside*
heiraten *to get married*	die Kartoffel (-n) *potato*	
heißen *to be called*	der Käse *cheese*	**L**
helfen *to help*	das Käsebrot *cheese sandwich*	das Lagerfeuer (-) *campfire*
der Helm (-e) *helmet*	der Kassettenrecorder (-) *cassette player*	die Lampe (-) *light, lamp*
das Hemd (en) *shirt*	die Katze (-n) *cat*	das Land *land/countryside/country*
der Herbst *Autumn*	kaufen *to buy*	landen *to land*
Herr *Mr*	das Kaufhaus (-häuser) *department store*	die Landkarte (-n) *map*
herrlich *marvellous*	der Kaufmann ("-er) *salesman*	die Landschaft *countryside*
der Heuschnupfen *hayfever*	der/das Kaugummi *chewing gum*	lang *long*
heute *today*	kein, keine *no*	langsam *slow, slowly*
hier *here*	der Keller (-) *cellar*	langweilig *boring*
die Hilfe *help*	**kennen**lernen *to get to know someone*	die Laterne (-n) *lantern*
hilfreich *helpful*		laut *loud*
die Himbeere (-n) *raspberry*	die Kerze (-n) *candle*	leben *to live*
hin und zurück *return*	der Kilometer (-) *kilometer*	die Lebensmittel *groceries*
hinstellen *to put*	das Kind (-er) *child*	das Leder *leather*
hinter *behind*	der (die) Kindergärtner(in) *nursery teacher*	leer *empty*
hinunter *down*	das Kino *cinema*	legen *to put, to lay*
das Hobby (-s) *hobby*	die Kirche (-n) *church*	die Legende (-n) *legend*
hoch *high*	die Kirsche (-n) *cherry*	der Lehrer (-) *teacher (m)*
Hochdeutsch *high German*	die Kiste (-n) *box*	die Lehrerin (-nen) *teacher (f)*
hochfahren *to travel up*	klar *clear*	der Lehrling (-e) *apprentice*
die Hochzeit (-en) *wedding*	die Klasse (-n) *class, form*	leid, es tut mir leid *I'm sorry*
hoffentlich *hopefully*	die Klassenarbeit (-en) *test*	leider *unfortunately*
die Hoffnung *hope*	das Klassenzimmer (-) *classroom*	die Leine (-n) *lead, washing line*
die Höhe (-n) *height*	das Klavier (-e) *piano*	leise *quiet, quietly*
Holland *Holland*	kleben *to stick, to glue*	lernen *to learn*
das Holz *wood*	der Klecks (-e) *blob*	lesen *to read*
der Honig *honey*	das Kleid (-er) *dress, (pl) clothes*	die Leute *people*
hören *to hear*	der Kleiderschrank ("-e) *wardrobe*	das Licht (-er) *light*
die Hose (-n) *trousers*	die Kleidung *clothing*	lieb *sweet, kind, loveable*
das Hotel (-s) *hotel*	klein *small/short*	lieben *to love*
das Huhn (-er) *chicken*	**klein**schneiden *to chop into small pieces*	der Liebesfilm (-e) *romantic film*
der Hund (-e) *dog*		Lieblings- *favourite ...*
Hunger haben *to be hungry*	die Klingel (-n) *bell*	das Lied (-er) *song*
der Hut ("-e) *hat*	klingeln *to ring*	lila *purple*
	Klo *'loo', toilet*	die Limonade *lemonade*
I	knapp *tight*	das Lineal (-e) *ruler*
ich *I*	der Knick *crease/crack*	die Linie (-n) *line, (bus number)*
der Igel (-) *hedgehog*	das Knie (-) *knee*	

links *left*
die Liste (-n) *list*
der LKW-Fahrer *lorry driver*
das Loch ("-er) *hole*
lockig *curly*
los! Jetzt geht's los! *let's get on with it!*
löschen *to delete*
loslegen *to set off*
der Löwe (-n) *lion/Leo*
der Luftballon (-s) *balloon*
die Luftpumpe (-n) *pump*
Lust, hast du Lust ...? *would you like to...?*
lustig *funny*
das Luxusgut (e) *luxury item*

M
machen *to make, do*
macht nichts! *it doesn't matter!*
das Mädchen (-) *girl*
mal *times*
man *one/you/they*
manchmal *sometimes*
mangelhaft *poor*
der Mann ("-er) *man*
die Mannschaft (-en) *team*
der Mantel ("-) *coat*
das Märchen (-) *fairy tale*
die Margarine *margarine*
die Mark (-) *mark (German currency)*
der Markt ("-e) *market*
die Marmelade *jam*
Mathematik *mathematics, maths*
die Maus ("-e) *mouse*
der Mechaniker (-) *mechanic*
das Medikament (-e) *medicine*
das Meerschweinchen (-) *guinea-pig*
das Mehl *flour*
mehr *more*
meinen *to think, to reckon*
meistens *mostly, usually*
melden *to report*
meldet euch! *put your hands up!*
der Mensch (-en) *man/person (people)*
Merkur *Mercury*
die Milch *milk*
das Mineralwasser *mineral water*
die Minute (-n) *minute*
mischen *to mix*
mit *with*
mitbringen *to bring*
das Mitglied (-er) *member*
mitkommen *to come along*
mitlaufen *to walk/to run with*
das Mittagessen *lunch, midday meal*
Mitte, in der Mitte *in the middle*
das Möbelstück ("-e) *piece of furniture*
möchte, Ich möchte *I'd like*
die Mode *fashion*
modern *modern*
das Mofa (-s) *moped*
mögen *to like*
möglich *possible*
der Monat (-e) *month*
das Motorrad ("-er) *motorbike*
müde *tired*
der Müll *rubbish*
der Mund ("-er) *mouth*
die Münze (-n) *coin*
das Museum (-een) *museum*
der Musikant (-en) *musician*
das Musikinstrument (-e) *musical instrument*
müssen *to have to (must)*
der Mut *spirit, courage*
die Mutter ("-) *mother, mum*
die Mütze (-n) *hat, cap*

N
nach *past, after*

nächste *next*
die Nacht ("-er) *night*
das Nachthemd (-en) *pyjamas*
der Nachttisch (-e) *bedside table*
nagen *to gnaw*
der Name (-n) *name*
die Nase (-n) *nose*
die Natur *the natural world, nature*
natürlich *naturally/of course*
Naturwissenschaften *science*
der Nebel *fog*
neblig *foggy*
nehmen *to take (have)*
neidvoll *jealous*
nervös *nervous, anxious*
die Nessel (-n) *thistle*
nett *nice*
das Netz (-e) *net*
neu *new*
das Neujahr *New Year*
nicht *not*
nichts *nothing*
nie *never*
noch einmal! *again!*
die Nonne (-n) *nun*
Nordamerika *North America*
Nordirland *Northern Ireland*
normalerweise *normally, usually*
Norwegen *Norway*
die Not ("-e) *emergency*
der Notarztdienst *emergency doctor service*
der Notausgang ("-e) *emergency exit*
die Notiz (-en) *note*
der Notruf (-e) *emergency phone (call)*
die Nudeln *pasta*
die Nummer (-n) *number*
nur *only*

O
oben *at the top*
das Obst *fruit*
oft *often*
ohne *without*
das Ohr (-en) *ear*
der Ohrring (-e) *earring*
Oma *granny*
der Onkel (-) *uncle*
Opa *grandad*
die Orange (-n) *orange*
der Ordner (-) *file*
Ostern, frohe Ostern *Easter, happy Easter*
Österreich *Austria*

P
die Packung (-en) *packet*
der Papagei (-en) *parrot*
das Papier *paper*
der Papierkorb ("-e) *waste paper bin*
der Pappbehälter (-) *cardbaord container*
der Paprika (-s) *pepper*
der Paradeiser *(Austrian) tomato*
das Parfüm *scent, perfume*
der Park (-s) *park*
der Parkplatz ("-e) *car park*
die Partnerschule (-n) *partner school*
die Party (-s) *party*
der Paß ("-sse) *passport*
paß auf *pay attention*
passen *to fit*
die Pause (-n) *break*
die Pedale (-n) *pedal*
der Pelz (-e) *fur*
die Pelzjacke (-n) *fur coat*
die Petersilie *parsley*
der Pfeffer *pepper*
die Pfeife (-n) *pipe*
der Pfennig (-e/-) *Pfennig, 1/100th of a German Mark*
das Pferd (-e) *horse*

die Pflanze (-n) *plants*
(in) Pflege geben *to have looked after*
der Pickel (-n) *spot*
piepsen *to cheep*
der Pinsel (-) *paintbrush*
die Pizza (-s) *pizza*
die Plastiktüte (-n) *plastic container*
das Plätzchen (-) *biscuit*
plaudern *to chat*
der Politiker (-) *politician*
die Polizei *police*
die Polkappe (-n) *polarcap*
die Pommes frites *chips*
Portugal *Portugal*
die Post (-en) *post office*
der Postbeamte (-n) *post office official*
der Postbote (-n) *postman*
die Postkarte (-n) *postcard*
praktisch *practical*
die Pralinen *chocolates*
der Preis (-e) *prize/price*
die Prinzessin (-nen) *princess*
pro *per*
probieren *to try*
der Prospekt (-e) *leaflet*
der Pudding *milk dessert*
der Pulli (-s) *pullover*
der Punkt (-e) *point*
die Puppe (-n) *doll*
putzen *to clean*

Q
Quatsch! *nonsense!, rubbish!*
das Quiz (-) *quiz*

R
das Rad ("-er) *bicycle*
der Radfahrer (-) *cyclist*
der Radiergummi (-s) *rubber*
das Radio (-s) *radio*
das Radstadion (-ien) *cycling stadium*
der Radweg (-e) *cyclepath/track*
der Rappen (-) *centime (Swiss currency)*
der Rat *advice*
das Rathaus ("-er) *town hall*
die Ratte (-n) *rat*
die Räuber *thieves*
der Raumanzug ("-e) *spacesuit*
das Raumschiff (-e) *spaceship*
der Rechner (-) *caculator*
der Rebstock ("-e) *vine*
die Rechenaufgabe (-n) *sum*
der Rechner (-) *calculator*
rechts *right, on the right*
das Regal (-e) *shelf*
regelmässig *regular*
der Regen *rain*
regnen, es regnet *to rain, it's raining*
reichen, **hin**reichen *to hand, to pass*
der Reifen (-) *tyre*
das Reihenhaus ("-er) *terraced house*
die Reise (-n) *journey*
reisen *to travel*
der Reissalat *rice salad*
reiten *to ride*
der Reiterhof *riding stables*
die Reklame (-n) *advertisement*
Religion *RE (religious education)*
der Rettungsdienst *rescue service*
der Rettungsring (-e) *lifebelt*
das Rezept (-e *recipe*
der Rhein *the river Rhine*
richtig *right, correct*
der Riegel (-) *bar*
riesig *enormously*
das Rindfleisch *beef*
die Ritze (-n) *cut*
der Rock ("-e) *skirt*
rollen *to roll*
Rollerfahren *to ride a motorbike*
Rollschuhfahren *rollerskating*

WORTLISTE — PROJEKT DEUTSCH

der Roman (-e) *novel, story*
rosa *pink*
rot *red*
der Rücken (-) *back*
das Rücklicht (-er) *rear light*
der Rücktritt *back-pedal brake*
die Ruhe *quiet*
das Rührei (-er) *scrambled egg*
rühren *to stir*
die Rundfahrt (-en) *tour*
der Rüssel *elephant's trunk*
die Rüstung (-en) *armament*
rutschen *to skid*

S

die Sache (-n) *thing*
der Saft ("-e) *juice*
sagen *to say*
die Sahne *cream*
der Salat *salad*
die Salbe (-n) *ointment*
das Salz *salt*
sammeln *to collect*
die Sammelstelle (-n) *collection point*
die Sammlung (-en) *collection*
die Sandalen *sandals*
Sankt *Saint*
der Sattel (-) *saddle*
der Satz ("-e) *sentence*
sauber *clean*
Schach spielen *to play chess*
die Schachtel (-n) *box*
der Schatz ("-e) *treasure*
schauen *to look*
schaumig *foamy*
schenken *to give as a present*
die Schern *scissors*
das Schiff (-e) *ship*
die Schildkröte (-n) *tortoise*
der Schilling (-e/-) *Schilling (Aust. currency)*
schlachten *to slaughter*
der Schlafsack ("-e) *sleeping bag*
das Schlafzimmer (-) *bedroom*
schlagen *to beat*
das Schlagobers *(Aust.) whipped cream*
die Schlange (-n) *snake*
schlank *slim*
schlecht *bad, ill*
schleichen *to creep*
schließen *to close*
der Schlittschuh (-e) *skate*
Schlittschuhlaufen *skating*
schlitzen *to slit*
das Schloß (-össer) *castle*
schlucken *to swallow*
das Schmalz *lard*
schmecken *to taste*
die Schmerzen *pain, ache*
der Schmetterling (-e) *butterfly*
der Schmuck *jewellery*
schmücken *to decorate*
schmusen *to cuddle*
schmutzig *dirty*
die Schnauze **voll**haben *to have had enough*
die Schnecke (-n) *snail*
der Schnee *snow*
schneiden *to cut*
schneien, es schneit *to snow, it's snowing*
schnell *quick, fast*
das Schnitzel *veal/pork escalope*
der Schnurrbart ("-e) *moustache*
die Schokolade (-n) *chocolate*
schon *already*
schön *fine/handsome/lovely*
Schottland *Scotland*
der Schrank ("-e) *cupboard*
schrecklich *terrible*
schreiben *to write*

die Schreibwaren *stationery*
der Schreibwarenladen (¨) *stationer's*
schreien *to shout*
schüchtern *shy*
der Schuh (-e) *shoe*
die Schule (-n) *school*
der Schüler (-) *pupil (m)*
die Schülerin (-nen) *pupil (f)*
das Schulfach ("-er) *school subject*
der Schulhof ("-e) *playground*
Schütze *Capricorn*
schützen *to protect*
schwach *weak*
der Schwanz ("-e) *tail*
schwarz *black*
der Schwarzwald *Black Forest*
Schweden *Sweden*
die Schwester (-n) *sister*
das Schwimmbad ("-er) *swimming pool*
schwimmen *to swim*
die Schwimmhalle (-n) *swimming-pool hall*
schwören *to swear*
der See (-n) *lake*
seekrank *seasick*
sehen *to see*
die Sehenswürdigkeit (-en) *tourist sight*
sehr *very*
die Seife (-n) *soap*
die Seilbahn (-en) *cable car*
sein *to be*
der (die) Sekretär(in) *secretary*
die Sekunde (-n) *second*
das Selbstbewußtsein *self-confidence*
die Semmel (-n) *bread roll*
die Sendung (-en) *programme*
die Shorts *shorts*
sicher *safely, certain, certainly*
die Sicherheit *safety*
sie *she/her/they*
Silvester *New Year's Eve*
sind, sie sind *they are*
singen *to sing*
sitzen *to sit*
Skateboardfahren *skateboarding*
das Skelett (-e) *skeleton*
skifahren *to ski*
die Socken *socks*
das Sofa (-s) *sofa*
sollen *to be supposed to (should)*
der Sommer *Summer*
das Sonderangebot (-e) *special offer*
die Sonnenbrille *sunglasses*
das Sonnenöl *suntan oil*
der Sonnenschein *sunshine*
sonnig *sunny*
sonst *otherwise*
sonstiges *other information*
sortieren *to sort out*
die Soße (-n) *sauce*
Spanien *Spain*
spannend *exciting*
sparen (für) *to save (for)*
die Sparkasse (-n) *savings bank*
Spaß machen *to be fun*
spät *late*
später *later*
spazieren *to go for a walk*
der Spiegel (-) *mirror*
das Spiel (-e) *game*
spielen *to play*
der Spielfilm (-e) *feature film*
der Spielplatz ("-e) *playground*
die Spielregeln *rules of the game*
die Spinne (-n) *spider*
spitz *sharp, pointed*
Spitze! *Great!*
spitzig *pointed*
spontan *spontaneous*
Sport treiben *to do sport*

die Sportartikel *sports equipment*
der Sportler (-) *sportsman*
die Sportlerin (-nen) *sportswoman*
sportlich *sporty*
der Sportschuh (-e) *sports shoe, trainer*
das Sportzentrum (-ren) *sports centre*
die Sprache (-n) *language*
sprechen *to speak*
die Springform *cake tin*
der Spruch ("-e) *saying*
der/die Sprudel *mineral water*
spucken *to spit*
das Stadion (-ien) *stadium*
die Stadt ("-e) *town*
die Stadtmitte *town centre*
der Stadtplan ("-e) *town plan*
der Stadtrand *edge of town*
der Stapel (-) *pile*
stapfen *to tramp*
der Steckbrief (-e) *wanted poster*
steil *steep*
der Stein (-e) *stone*
stellen *to put*
der Stern (-e) *star*
das Sternzeichen *star sign*
die Stiefschwester (-n) *step sister*
stimmt! *that's right!*
die Stimmung (-en) *mood*
stinksauer *n a really bad mood*
der Stock *floor*
der Stoff (-e) *material*
die Straße (-n) *street, road*
die Straßenbahn *tram*
der Strauß ("-ße) *bunch*
das Streichholz ("-er) *match*
streng *strict*
die Strumpfhose (-n) *tights*
das Stück (-e) *piece/slice*
der Stuhl ("-e) *chair*
die Stunde (-n) *hour*
suchen *to look for*
Südamerika *South America*
die Suppe (-n) *soup*
süß *sweet*
die Süßigkeit (-en) *sweet*
das Sweatshirt (-s) *sweatshirt*

T

die Tafel (-n) *blackboard*
die Tablette (-n) *tablet*
der Tag (-e) *day*
tagsüber *during the day, daytime*
die Tante (-n) *aunt*
tanzen *to dance*
die Tasche (-n) *bag*
das Taschengeld *pocket money*
die Taschenlampe (-n) *torch*
das Taschenmesser (-) *penknife*
die Tasse (-n) *cup*
die Taube (-n) *pigeon*
tauchen *to dive*
der Tee *tea*
der Teig *dough mixture*
der Teil (-e) *part*
teilen *to share, to divide*
das Telefon (-e), am Telefon *telephone, on the telephone*
die Telefonkarte (-n) *telephone card*
die Telefonnummer (-n) *telephone number*
der Teller (-) *plate*
der Teppich (-e) *carpet*
testen *to test*
teuer *expensive, dear*
das Theater (-) *theatre*
das Tier (-e) *animal*
der Tierarzt ("-e) *vet*
der Tiger (-) *tiger*
der Tip (-s) *tip*
der Tisch (-e) *table*

111

	Tischtennis *tabletennis*	
der	Toast *toast*	
der	Tod *death*	
	toll! *great!*	
die	Tomate (-n) *tomato*	
die	Tonne (-n) *bin, waste container*	
der	Topf (¨-e) *pot*	
die	Torte (-n) *flan*	
	tragen *to wear, to carry*	
die	Tragzeit (-en) *gestation period*	
der	Trainingsanzug (¨-e) *track suit*	
die	Tränen *tears*	
die	Traube (-n) *grape*	
der	Traum (¨-e) *dream*	
	traurig *sad*	
der	Treffpunkt *meeting place*	
der	Trickfilm (-e) *cartoon*	
	trinken *to drink*	
	trocknen *to dry*	
die	Trommel (-n) *drum*	
der	Tropfen (-) *drop*	
	trotzdem *nevertheless*	
	tschüs *bye, cheerio*	
das	T-Shirt (-s) *t-shirt*	
das	Tuch (¨-er) *towel*	
die	Tulpe (-n) *tulip*	
die	Tür (-en) *door*	
	türkis *turquoise*	
der	Turm (¨-e) *tower*	
der	Turnschuh (-e) *training shoe*	
die	Tüte (-n) *carton*	

U

die	U-Bahn *underground train*	
	üben *to practise*	
	über *over, about*	
	überhaupt nicht *not at all*	
	übermorgen *the day after tomorrow*	
	überzogen *covered*	
	Uhr, es ist vier Uhr *it's four o'clock*	
die	Uhr (-en) *clock*	
die	Uhrzeit (-en) *time*	
	um *around, at*	
	umdrehen, sich **um**drehen *to turn around*	
die	Umfrage (-n) *survey, questionnaire*	
	umweltfreundlich *environmentally friendly*	
der	Umzug (¨-e) *procession*	
	unangenehm *unpleasant*	
	unbequem *uncomfortable*	
	und *and*	
	unfreundlich *unfriendly*	
	ungesund *unhealthy*	
	unheimlich *terribly, really*	
die	Uniform (-en) *uniform*	
	uns *us*	
	unser *our*	
	unten *below, at the bottom*	
	unter *under*	
der	Unterricht *lessons*	
der	Unterschied (-e) *difference*	
die	Unterschrift (-en) *signature*	
die	Unterwäsche *underwear*	
	usw. *etc.*	

V

der	Vater (-¨) *father*	
	veranstalten *to set up, to organize*	
der	Verband *bandage*	
	verbieten *to ban*	
	verbrennen *to burn*	
	verbringen *to spend (time)*	
der	Verein (-e) *club*	
	vergessen *to forget*	
	vergiß nicht! *don't forget!*	
	verkaufen *to sell*	
der	Verkaufskiosk (-s) *kiosk*	
das	Verkehrsamt (¨-ter) *tourist information office*	
der	Verkehrsunfall (¨-e) *road accident*	

	verknoten *to knot*	
	verletzen *to hurt*	
	verliebt *in love*	
	verlieren *to lose*	
die	Verpackung (-en) *packaging*	
	verpassen *to miss*	
	versammeln, sich versammeln *to gather*	
	verschieden *it varies*	
	verschwenden *to waste*	
	versorgen *to look after*	
	verstehen *to understand*	
der	Versuch (-e) *experiment*	
der/die	Verwandte (-n) *relative*	
	verzieren *to decorate*	
	viel *a lot, much*	
	viele *lots of, many*	
	vielleicht *perhaps*	
das	Viertel *quarter*	
der	Vogel (¨-) *bird*	
	Volleyball *volleyball*	
	von *from*	
	vor *to*	
	vorbei *past, over*	
der	Vorhang (¨-e) *curtain*	
	vorkommen, sich **vor**kommen *to appear*	
	vorlesen *to read aloud*	
der	Vorname (-n) *first name*	
die	Vorspeise *starter*	
	vorstellen *to present, to introduce*	

W

	wählen *to choose*	
	wahnsinnig *really, incredibly*	
der	Wald (¨-er) *wood, forest*	
	Wales *Wales*	
die	Wand (¨-e) *wall*	
die	Wanderschuhe *hiking boots*	
	wann *when*	
	warm *warm*	
	was? *what?*	
	waschen, sich waschen *to wash oneself*	
	was sonst? *what else?*	
das	Waschzeug *washing things*	
das	Wasser *water*	
die	Wasserpistole (-n) *waterpistol*	
die	Wasserwacht *lifeguard*	
die	Watte *cottonwool*	
	wechseln *to (ex)change*	
der	Wecker (-) *alarm clock*	
	wedeln *to wag*	
	wehen *to blow*	
	wehtun *to hurt*	
	weich *soft*	
	Weihnachten *Christmas*	
der	Wein (-e) *wine*	
	weiß *white*	
	weiß, ich weiß *I know*	
	weit *far*	
das	Weizenmehl *wheat flour*	
	welche *which*	
der	Wellensittich (-e) *budgerigar*	
die	Welt *world*	
	wenig *little, few*	
	wenn *if*	
	wer? *who?*	
der	Werbespot (-s) *advertisement*	
die	Werbung *advertising*	
	werden *to become*	
	werfen *to throw*	
	Werken *CDT*	
die	Wespe (-n) *wasp*	
der	Wettbewerb *competition*	
das	Wetter *weather*	
die	Wettervorhersage *weather forecast*	
	wichtig *important*	
	wie *how*	
	wie bitte? *pardon?*	
	wieder *again*	

	wiederholen *to repeat*	
	wieviel? *how many?, how much?*	
	willkommen *welcome*	
der	Wind *wind*	
	windig *windy*	
der	Winter *Winter*	
	wir *we*	
	wissen *to know (a fact)*	
der	Witz (-e) *joke*	
	wo? *where?*	
die	Woche (-n) *week*	
das	Wochenende (-n) *weekend*	
der	Wochentag (-e) *week day*	
	woher? *where from?*	
	wohin? *where (to)?*	
	wohlfühlen *to feel happy/comfortable*	
	wohnen *to live, stay on holiday*	
die	Wohnsiedlung (-en) *housing estate*	
die	Wohnung (-en) *flat, apartment*	
der	Wohnwagen (-) *caravan*	
das	Wohnzimmer (-) *lounge*	
das	Wort (¨-er) *word*	
das	Wörterbuch (¨-er) *dictionary*	
	wünschen *to wish*	
der	Würfel (-) *die*	
	würfeln *to throw (a die/dice)*	
die	Wurfgröße *number in the litter*	
die	Wurst (¨-e) *sausage*	
die	Wurstbude (-n) *hot dog stand*	
das	Würstchen (-) *little sausage*

Z

die	Zahl (-en) *number*	
	zahlen *to pay*	
der	Zahn (¨-e) *tooth*	
der	Zahnarzt (¨-e) *dentist*	
die	Zahnpasta *toothpaste*	
	zart *tender*	
das	Zebra (-s) *zebra*	
	zeichnen *to draw*	
die	Zeichnung (-en) *drawing*	
	zeigen *to show*	
die	Zeit (-en) *time*	
die	Zeitschrift (-en) *magazine*	
die	Zeitung (-en) *newspaper*	
die	Zelle (-n) *cell*	
das	Zelt (-e) *tent*	
	zerbrechen *to break*	
	zerlassen *melted*	
	ziehen *to pull, draw*	
das	Ziel (-e) *end, goal*	
	ziemlich *fairly, quite*	
das	Zimmer (-) *room*	
der	Zitronensaft *lemon juice*	
	zu *to, too*	
	züchten *to breed*	
der	Zucker *sugar*	
	zuerst *first*	
	zufrieden *satisfied*	
der	Zug (¨-e) *train*	
die	Zukunft *future*	
	zuletzt *lastly*	
die	Zunge (-n) *tongue*	
der	Zungenbrecher (-) *tongue-twister*	
	zurechtfinden, sich **zurecht**finden *to feel at home*	
	zurück *back*	
	zurückbleiben *to stay behind*	
	zurückkommen *to come back*	
	zusammen *together*	
die	Zutat (-en) *ingredient*	
	zutrauen *to trust*	
	zuviel *too much*	
	zwar *admittedly, to be precise*	
der	Zweck (-e) *purpose*	
	zweimal *twice, two*	
	zweite *second*	
die	Zwiebel (-n) *onion*	
die	Zwillinge *twins, Gemini*	
	zwischen *between*